リベラルアーツとしての法学を求めて

社会科学における法学、法実践、そして人

三宅 弘
Hiroshi Miyake

花伝社

故 佐藤順哉弁護士と
故 藤本利明弁護士に
捧げる。

はじめに

2004年4月1日に獨協大学法科大学院特任教授として務め始め、13年後の大学院閉鎖後も獨協大学特任教授として5年務め、2022年3月28日に最終講義をさせていただきました。本書は、「無数の問いの噴出の時代」とされる1968年-1969年より、「異質なものへの理解と寛容」を教育理念とする「縦割りホーム制」による高校3年を助走期間として、大学改革が叫ばれた1972年当時に教養学部教育を受け、カール・マルクスとマックス・ヴェーバーという社会科学の泰斗を中心に学んだ「人」のあり方、政治学研究志望から法律実務家としての将来を選択する過程から、今日まで学び続けてきた「社会科学としての法学」、さらに弁護士40年の「法実践」をまとめ上げた講義です。本書の副題「社会科学における法学、法実践、そして人」は、その足跡に由来します。

日本で法科大学院が創設された際に、学部教育における法学のあり方も論じられました。私にとっての1972年からの法学研究の足跡は、まさに「リベラルアーツとしての法学」のあり方に一石を投じることができると考えて、本書を公刊いたしました。最終講義の際の演題は「法学政治学入門から50年目の情報公開法制研究とリベラルアーツ・法学教育――マルクスとヴェーバーから社会科学をすること50余年」でしたが、そのパワーポイントを巻末に資料編として掲載し、講義の箇所と読み比べていただけるようにしました。実際の講義では情報公開法の到達点と課題については論じることができませんでしたので、これを加筆しました。

「日本の最終講義」として、鈴木大拙、宇野弘蔵、大塚久雄、桑原武夫など名だたる先達の記録集がありますが、本書によってマルクスとヴェーバーを学びの基礎として「社会科学としての法学」から「法実践」に至り、最後に「人」のあり方に立ち返るものとして、ラインアップの一つとして長く語りつがれればありがたく存じます。

自然科学を含めて他分野を究めようとする人が初めて法学をのぞいてみる時、司法試験などの解釈法学に専念する前に「リベラルアーツとしての法学」に接する時、解釈法学だけではない「法実践」に新境地を拓いていく時などに、そしてできれば18歳で成人となり実社会に出ていく高校生らにも、本書を読まれることをお薦めします。

リベラルアーツとしての法学を求めて
——社会科学における法学、法実践、そして人

目　次

講義編

◎本稿は、獨協大学特任教授最終講義「法学政治学入門から 50 年目の情報公開法制研究とリベラルアーツ・法学教育――マルクスとヴェーバーから社会科学をすること 50 余年」(2022 年 3 月 28 日実施) を再編したものである。
◎本文中において資料編 (p.97 ～) を参照されたい場合には、【1－A】といった形式で対応箇所を明記した。

最終講義の案内

司会（花本広志・獨協大学教授） 時間となりましたので、三宅先生の最終講義を始めさせていただきます。私は法科大学院で、途中、研究科長も務めましたが、長く主任教授をさせていただきました。その後は法科大学院生の修了生支援講座を開催し、その講座長を務めて参りました。そういう役回りから、三宅先生に今回の最終講義をお願いした次第です。

本来であれば会場でお聞きいただきたいところですが、コロナ禍のために、やむなくオンライン開催ということになりました。もっとも、遠方の方が参加しやすくなったこともあり、むしろ多くの方にご参加いただけたのではないかという点は何よりかと思います。

最終講義に先立ち、まずは三宅先生のご業績について、簡単ではありますが、紹介させていただきます。

三宅先生は1983年に弁護士登録をされました。「法廷メモ訴訟」が有名ですが[1]、以来多くの著名事件を手がけてこられました。情報公開法制定の参考となった数々の情報公開訴訟判決[2]のほか、平成の民法改正でも議論になった小浜駅前デパート事件損害軽減義務違反判決[3]等、最高裁の判例をつくった活動も多く手がけられています。

三宅先生がわが国屈指の弁護士であることは言うまでもなく、あらためて紹介するまでもないでしょう。本日は獨協大学教授としての最終講義なので、三宅先生の研究者、教育者としてのご業績を中心に紹介させていただきます。

三宅先生は2004年4月、本学大学院法務研究科、法科大学

院に、実務家特任教授として着任をいただきました。三宅先生の弁護士としてのご実績、また後述する研究業績からして、他の著名な法科大学院からもお誘いがあったかと思います。しかし、本学が最初にお声がけをしたということ、また臨床学教育を中心に地域に根差した法曹を育てたいという理念に共鳴いただいたということから、義理堅くも、本学の法科大学院にご着任いただきました。それから本日まで18年間の長きにわたり、教鞭をとっていただいたことになります。

法科大学院では実務家教員として、法曹倫理や法律文書作成、リーガルクリニックなどの法律実務科目をご担当いただきました。三宅先生は個人情報保護法、情報公開法を中心に、多数の研究業績をお持ちということもあり、行政法、民法、民事訴訟法などの法律の基本科目についても、演習科目を中心にご担当をいただいたところです。

加えて法科大学院生、修了生の求めに応じ、司法試験の受験指導にも大変熱心に取り組んでいただきました。本学法科大学院を修了した者で、司法試験に合格した者は総勢59名です。その多くが三宅先生のご熱心な受験指導の賜物と言っても過言ではなかろうと思います。それだけではなく、いわゆる三振後（法科大学院修了に基づく司法試験受験資格喪失後）も法曹志望の夢を諦めずにいた者に対しても、先生は門戸を開いて指導を継続されました。中には、本学または他大学の法科大学院に再度進学し修了して受験資格を得たり、予備試験に合格して受験資格を得たりするなどして、最終的には司法試験に合格した者もいるくらいです。

また、今年度（2021年度）秋学期には特任教授の持ちコマ数の関係で、学部の授業を持っていただくことになりました。

「現代社会に身近な問題から考える憲法入門」と「大学生を取り巻く実定法学入門」という科目をご担当いただき[4]、最後の最後に学部の教育にもご協力いただくことになりました。そこでは実務的な視点も踏まえ、憲法および法学に触れる機会を法学部生に限らない、一般の学部生に提供していただきました。本当に足を向けて寝られない状況であります。

以上のような教育者としての側面のほかに、三宅先生は個人情報保護法、情報公開法を中心に、多数のご著書、論文を執筆されている第一級の研究者としてのお顔もお持ちであります。この分野の第一人者の一人であり、政府、自治体の個人情報保護、情報公開関係の委員会、審議会での委員を歴任されていることは、皆さんもご承知のとおりかと思います。

そのような先生の研究の集大成として、昨年『知る権利と情報公開の憲法政策論——日本の情報公開法制における知る権利の生成・展開と課題』（日本評論社、2021年）というご著書を公刊されました。こちらは京都大学から博士（法学）の学位を授与された論文ということです[5]。お年になられてからさらに勉学に励まれたということで、敬意を表したいと思います。その点については、ひょっとしたら先生ご自身が語られるだろうと思います。

ご紹介が長くなりましたので、そろそろ最終講義を始めていただきたいと思います。本日は「法学政治学入門から50年目の情報公開法制研究とリベラルアーツ・法学教育」というタイトルで、三宅先生の50年の学びと研究を振り返る講義を聞かせていただけると伺っています。それでは三宅先生、よろしくお願い申し上げます。

最終講義の全容

三宅　ご紹介いただきました三宅です。本日はこのような機会をいただき、皆さまに拙い話を聞いていただけること、大変うれしく思います。表題が「法学政治学入門から50年目」ということで、大学に入って1年目に法学と政治学を学んだ頃のことを思い出し、それから副題の「マルクスとヴェーバーから社会科学をすること50余年」は付け足しですが、3年間の高校生活のほうも少し入れて話をさせていただければと思います。「法学政治学入門から50年目の情報公開法制研究とリベラルアーツ・法学教育――マルクスとヴェーバーから社会科学をすること50余年」というのが、本講義の主題と副題です[6]。今年度（2021年度）1年「現代社会」という科目を持たせていただき、五十数年を振り返り、今まで読んでいた本などもあらためて読み直す機会を得ることができました。それもふまえ、以下の5つの点からお話をさせていただきます。

1つ目は、合わせ鏡としてのホーム制と自由人権について。私は福井県小浜市の福井県立若狭高等学校出身で、その教育理念は「異質なものへの理解と寛容」でした。高校では普通科の授業を受けたのですが、その頃は総合高校だったので商業科があり、翌年からは理数科もできました。その前は家政科や被服科がありました。

ホーム制とは、1949年から1994年3月まで若狭高等学校で行われていた「縦割りホームルーム制」のことです。クラスを単位にするのではなく、男女混合で1年生から3年生までが一つの「ホーム」をつくります。私のときは35あり、3年生が1

年生を指導する縦割り体制がとられました。そこで、合わせ鏡として教育制度自体を考える機会が得られました。民主主義について情報公開の制度とかを考えていく、一つのきっかけになったのではないかと思います。

2つ目は、「1968年」無数の問いの噴出の時代における45カリキュラムに学ぶ、リベラルアーツ・法学教育の萌芽について。68年には全国で大学闘争がありましたが、その頃の私は地方にいて、じっと動きを見ていました。そうしていろいろなことを学びながら、72年に大学に入ります。大学闘争後、東大の駒場キャンパスで45カリキュラムというものがありました。それぞれの教授が4限目以降は積極的にゼミを持つよう進められたのです。私もいくつかのゼミに入り、勉強させていただきました。その頃は点だったものが、50年弁護士をする中で、線になり、面になり、ようやく実務と結び付いたという話を中心にします。

3つ目に、大飯原子力発電所設置をめぐる政治意識の分析から、実務法曹をめざした際のことについて。弁護士になろうとする前は、職業として政治学者を目指そうと思い、大学で勉強し始めました。しかし、達成感があまりないような気がしたので、そこから急きょ法律畑に入り込んだという話を少しさせていただきます。

4つ目に、この1年現代社会を教えさせていただき、いろいろ考えたこと。このあたりで時間が尽きるかもしれません。

5つ目は、先ほどご紹介いただいた情報公開法の研究について。ここはあくまでも法科大学院なので、いろいろな実務科目や演習科目を教えさせていただきながら、憲法と行政法と民事訴訟法の文献については、研究費を利用させていただき、すべて目を通しました。それで一応の最先端の理論をとりまとめたので、話ができる限り、そこにも及びたいと思います。

最後に、今後やりたいことは何か。それはさらなる探究であるということで、自らの人生をもう少し掘り下げてみたいというところまでお話をさせていただきます。

私が選んだのは社会科学なので、自然科学のように自然現象を克明に探索するものではありません。しかし、人々の心の中に入り込み、その心のひだからそれを法律、特に民法をふまえ、その事実をすくい取り、その人を救済するための法律理論構成をする。それが実務家としてやってきた歩みです。それがどのように社会科学の中に位置付けられるのかということをこの1年、随分考えました。そういうことをできる限り分かりやすくお話しさせていただきます。

今、「文系の教育は要らないのではないか」と言われるような時代ですが、社会科学は人それぞれにやっていただく価値のある学問ではないか。そういうことを最後に示したいと思います。

注

1　メモ採取不許可国家賠償請求事件最高裁平成元年3月8日大法廷判決民集43巻2号89頁。ローレンス・レペタほか『MEMOがとれない——最高裁に挑んだ男たち』（有斐閣、1991年）。

2　新築マンション建築確認申請書添付図面閲覧拒否処分取消請求事件東京高裁平成3年5月31日判決判時1388号22頁、東京都アセス審議会第一部会会議録等非開示処分取消請求事件（玉の湯事件）東京高裁平成2年9月13日判時1362号26頁など。両事件の憲法政策論的意義については、三宅弘『知る権利と情報公開の憲法政策論——日本の情報公開法制における知る権利の生成・展開と課題』(日本評論社、2021年、31、141頁)。

3　条理によって賃借人の損害軽減義務を認めた最高裁平成21年1月19日判決民集63巻1号97頁。三宅弘『法科大学院——実務教育と債権法改正・情報法制の研究』(花伝社、2016年、93頁、第2章「損害軽減義務を認めた最高裁判決と債権法改正——訴訟代理人の立場から」)

4　「現代社会2:私たちの身の回りと憲法——身近な問題から考える憲法入門」、「現代社会2:大学生の日常と法——大学生をとりまく実定法学入門」

5　法博第253号、京都大学博士(法学)論文「日本の情報公開法制における知る権利の生成・展開と課題——情報公開の憲法政策論」(2020(令和2)年9月23日)(京都大学図書館KURENAI→博士論文→三宅弘で検索可能)。本文中の三宅『知る権利と情報公開の憲法政策論』は、この博士論文について、若干の補足をし、さらなる展開について、〈　〉として注記したものである。また、知る権利の生成・展開にかかわる個人史については、あとがきで詳論した。

6　本書の公刊にあたり、折原浩東京大学名誉教授のご示唆をいただき、さらに折原教授と見田宗介教授の科学に向き合う境涯をふまえて副題を「社会科学における法学、法実践、そして人」とした(「あとがき」参照)。

1　「異質の理解と寛容」を育む装置としての「縦割りホーム制」を「合わせ鏡」として
――戦後教育改革の一つの原点

人民が情報を持たない政治と「プーチンの戦争」

情報公開と「異質の理解と寛容」を結ぶ言葉【1－A】は、1992年に私の出身高校で「ホーム制と自由人権」という講演をしたとき、冒頭にお話したところです。

アメリカ合衆国4代大統領ジェームズ・マディソンの言葉ですね。実は獨協大学の4号棟（法科大学院棟）入り口の、両方のパネルに載っているのはこの言葉です。これは情報公開の運動を進める者にとっては貴重な言葉で、当時の学科長の右崎正博獨協大学名誉教授がここからフレーズを取られました。ここを情報公開や教育に必要な言葉、フレーズとして考えたことです。英語を読むのもややこしいので、【資料】の太字のところを読んで講義を進めていきます。

「人民が情報を持たない、また、それを獲得する手段を持たない人民の政治は、道化芝居の序幕か悲劇の序幕であり……」【1－B】。今のウクライナにおける戦争を見ると、ロシアの人たちが情報を持たない、情報がプーチンにより統制されているところに、悲劇が起きています。そのことから見ると、情報を自由に流通することはとても大事です。「知識は永遠に無知を支配するであろう。人民が統治者であろうとするならば、知識の与える力で武装しなければならない」。「プーチンの戦争」は、情報非公開、情報統制の果ての、まさに「悲劇」です。

ジェームズ・マディソンの郷里バージニア州には大統領記念館があります。彼のお屋敷には、かつて約100人の奴隷が抱えられていたということです。記念館になっている民主主義のメモリアルは、地下が奴隷の子どもたちの積み上げたレンガ棟になっていて、そのレンガには子どもたちの指紋の跡がついていると言います。先日、アメリカでの講演を聞いていたら、黒人の方の話にそのことが出てきました。合衆国憲法制定の歴史の、一つの影でもあります。

これを私としては、大事な言葉としてかねて持ってきましたし、獨協大学のロースクールのプレートを思い出し、これからも生きたいと考えているところです。

戦後教育改革における「合わせ鏡」としての縦割りホーム制と「異質なものへの理解と寛容」

ホーム制はすでに申し上げた通り、1949年に新制高校ができた際の新教育制度です。高校1年から3年まで、普通科、商業科などの科を超えた男女混合のグループをつくり、生徒指導領域の実践や学校行事をそのグループでやるというものでした。普通科で授業を受け、お昼になるとかばんを持って「ホーム」に移るわけです。そこでお弁当を食べ、事務的な話をしたり、行事の計画をしたりします。終わると、またクラスに帰ります【1－C】。

ややこしい、面倒くさいことをやるのだなと思いましたが、一方でなぜなのか、と。そこで、このホーム制が廃止になる頃（1994年）、いまオックスフォード大学の教授をされている苅谷剛彦さん――日本の教育学について、かなり広範な研究をされている方ですが――彼にお願いして教育社会学の観点から、ぜひこれを研究してほしいとお願いしました。この成果が、学事出版から出ている『教育理念と学校組織の社会学――異質なものへの理解と寛容、縦割りホームルーム制の実践』(1999年)という書物になっています。

その中に、ホーム制は戦後の高校教育の見えないところが見えてくる「合わせ鏡」である、とあります。合わせ鏡というのは鏡に後頭部を向けて立って手鏡を持つと、自分の後ろが見えるというものです。私としては、教育制度そのものを客観的に見る一つの道具として、ホーム制を用いるところから学校生活、特に高校生活が始まったという異例の体験がありました。

苅谷さんのお話は資料【1－D】にあります。彼は数名の若手教育研究学者とともに福井県の小浜に来て、最初はうまい魚でも食べ、100周年の簡単な報告にまとめればいいだろう、と思っていたのだと、本のあとがきに書いてありました。

そうして、苅谷さんは小浜で多くの人のヒアリングを始めるわけです。弁護士になると、陳述書を書くような仕事が随分ありますが、それと同じような手法で、社会学の分野でやっていただきました。そうすると卒業生が皆、「異質なものへの理解と寛容」という教育理念を記憶している。高校のとき、こういうことをこうした、こうしたということを覚えている。これはなぜだろうというところから、苅谷さんはお考えになったわけです。

「異質なものへの理解と寛容」から「自己否定の論理」、「自己肯定の倫理」を考える

ホーム制が廃止になるかという頃、廃止に反対する人たちか

ら、法律問題として相談を受けたことあります。「裁判をしてくれ」とまで言われましたが、結局裁判はしませんでした。学校行事は1年から3年の縦割りの混合体で行うという制度を維持し、歴史的にホーム制を研究するというところで収めたわけです[1]。その際、「異質なものへの理解と寛容」という言葉が、鳥居史郎という若狭高校初代生徒指導部の部長で、後に高校の校長になり、その後に小浜市の市長となった方から紡がれました。

鳥居先生は、早稲田大学の在学中に、YMCAの寄宿舎である信愛学舎で学びました。無教会派のキリスト教の内村鑑三、その弟子の藤井武の流れに同じです。藤井さんは若くして亡くなられたので、たとえば矢内原忠雄さんほど記録は残っていません。しかし、「異質なものへの理解と寛容」は、そういう方からの影響を受けた、一つの理念であったことを知ることができました。

私が大学入った頃は、全共闘の人たちによる「自己否定の論理」[2]、あるいはそこから反転して「自己肯定の倫理」[3]という言葉が、理念だけで重く覆いかかっていました。大学闘争は終わっていたので、そういうことを後付けで見るところから始めた学生生活でした。私もそこで、内村鑑三や矢内原忠雄と連なる、無教会派のキリスト教の流れにある方と出会いました[4]。西村秀夫さんという教育指導、生徒指導をする方でしたが、そういう方との交流を持ちながら、戦後教育がどうあったのかを考えさせられる流れと結び付いたわけです。

さて、ホーム制が49年にできた時の初代の校長は、京都大学の西田幾多郎の哲学の門下である中野定雄という方でした。恐らくそうした思想的な背景もあって、西田哲学あるいは無教会派キリスト教の流れを、小浜のほうで持ち続けていたという時代状況だったのではないかと思います[5]。

その当時、私たちは、どんな時代を生きていたのかをサラッと見ます【1－E】。1965年4月、べ平連（「ベトナムに平和を市民連合」）ができる最初のデモです。高畠通敏さんは、私が論文を随分読ませていただいた政治学者です[6]。また、小田実さんは作家としてとても有名な方です。2017年の国立歴史民俗博物館の企画展示タイトルは、1968年を「無数の問いの噴出の時代」と言っていました[7]。その68年から大学闘争のへの流れが繋がりますが、私も中学3年生の1月には、安田講堂をめぐる攻防をテレビでジーッと見ていたわけです。

共に学びともに坐禅に行じた妻へ

高校に入った時は、しっかり勉強しようと思い、社会科学研究という部（社研部）に入りました。高校1年目はちょうど70年の安保改定の直前でしたので、朝日新聞安全保障問題調査会編『日米安保条約の焦点』（朝日新聞社、1967年）という書物を読みながら安保条約を研究しました。2年目の70年は自分なりにもう少し見てみようということで、その頃、三省堂から出ていた『考える高校生』がシリーズ[8]を用いて高校教育を見るということをやりました。そのときに「異質なものへの理解と寛容」を教育理念とするホーム制を合わせ鏡として、大学受験によって進学する人／就職する人を分けるような公教育の選別体制を見ながら、政治を学問することに興味を持つわけです。

ちなみに、「産小屋」を研究した別のグループがありました。

産小屋とは、当時の若狭地域に多く残っていた、妊婦さんが産前〜産後の期間を過ごす、海辺の小屋です。自宅のある集落から離れた場所にあり、おそらく、家にいると随分と労働をしなければいけないので、ここで休むというわけです。なぜそういうところで、１人で生活しなければいけないのかということを研究したのです。資料には社研部の仲間の名前を入れましたが、この中の１人に私の現在の妻（旧姓村松理恵子）がいます[9]。妻とは、高校２年生のときから、小浜市伏原の福應山佛国寺の原田大拙湛玄老師のもとで共に坐禅を行じました。

注

1　福井県立若狭高等学校ホーム制資料集編纂委員会編『「縦割りホーム制」の実践』（福井県立若狭高等学校、1997年、506、537頁）。第２部第２章「『異質なものへの理解と寛容の精神』を次代の教育理念として――ホーム制の崩壊から様々な展開を」（三宅弘）。上中良仙校長によるホーム制廃止措置について「やや拙速のうらみ無きにしもあらず」とも評されながら、「異質なものへの理解と寛容」の精神を承継、発展させながら、「若狭高校ならではのクラス制」と「創り上げる事」を明らかにし、当面、具体的には、①「ホーム制の総括」、②「本校教育理念をさらに発展されるため」の「アジア高校生留学制度」の新設、学校行事への可能な限りの「縦割編成」の組み入れ、「ボランティア活動」の推進、③「クラス制の充実」、「きめ細かな進路指導」を柱とする教育実践」が約束された（堂前廣・若高同窓会広報誌『青戸』15号、2006年９月２日）。

2　山本義隆『知性の叛乱』（前衛社、1969年、115、150、205、217、243、249、330、340頁）。同『私の1960年代』（金曜日、2015年、79、

98、275、325、補注6頁)。両書の間に、山本は、在野において、西欧における近代科学誕生の謎を探る目的で書き始めた三部作『磁力と重力の発見』(みすず書房、2003年、1～3巻)、『一六世紀文化革命』(みすず書房、2007年、1、2巻)、『世界の見方の転換』(みすず書房、2014年、1～3巻)を発表している。

3　最首悟「アドリブ派宣言　高橋和己の死と全共闘」(『情況』1971年7月号)について論じた灰庭久博「"進学振り分け"の中で明らかになったこと」『紡ぐことば』(灰庭久博遺稿集を刊行する会、1980年、234頁)が、「自己の感性を肯定し、内発性を大切にすること」という最首悟の言説を「自己肯定の倫理」として紡いでいる。

4　西村秀夫『教育をたずねて』(筑摩書房、1970年)。西村氏は、アジア太平洋戦争直前の時代に、矢内原忠雄を師とし、1941年東大卒業、軍務に服し、1946年復員、1951年4月より東京大学教養学部学生部専任教官、1969年11月進学相法室専任となり、東大闘争のなかで、師矢内原忠雄の理念に導かれつつ、自己の実践に基づいた教育論を展開した。1975年に大学教員の職を辞して障害者施設の職員に転身した。

5　中野定雄校長と鳥居史郎校長の思想の系譜については、前掲注1『「縦割りホーム制」の実践』507～512頁において整理している。

6　三宅弘『弁護士としての来し方とこれから福井でしたいこと――原田湛玄老師と折原浩教授からの"学び"をふまえて』(シングルカット社、2013年、58頁、注14)において高畠通敏立教大学教授の「職業としての政治学者」の歩みをまとめたことがある。

7　国立歴史民俗博物館編『「1968年」――無数の問いの噴出の時代』(2017年)が、第1部「『平和と民主主義』・経済成長への問い」、第2部「大学という『場』からの問い――全共闘運動の展開」として「1968年」社会運動高揚期の重要な特徴である「個」の主体性を重視する社会運動に焦点を当てて、論じている。

8　「学生通信」編集部編『考える高校生――新しい世代の意見と現実』

（三省堂、1969 年）、鞠川了諦『正常の中の異常――現代高等学校論』（三省堂、1967 年）など。

9　産小屋は、1970 年当時は、既に役割を終えて、朽ちかけていた。当時の記録として、森崎和江『海路残照』（朝日新聞出版、1981 年、115 頁）。同書において、民族学、民衆史の観点から産小屋について論述していることについては、三宅弘『散る桜にいのち輝く――助産師三宅理恵子が伝えたかったこと』（私家版、2023 年）の注 7 で要約した。『海路残照』には、1980 年当時の調査による福井県の海岸線の集落に残る「産小屋」の研究がある。『海路残照』は、「何百年もの間うら若い女の姿で生きた長寿姫の伝承」を追って、玄界灘左の浦から若狭小浜、輪島・舳倉島、津軽十三・松浦へと八百比丘尼の話を調べ上げていく風土記である。その中で第一代天皇の神武天皇を出産したトヨタマヒメ（若狭一の宮で祭られている）の伝承に寄せて産小屋に論及している。実際に調査したところとして、敦賀市常宮の安産祈願の社である常宮神社のすぐ近くの産小屋について記録している。1980 年当時は朽ちかけていた産小屋に産室と煮炊きの部屋があったということだった（115 頁）。「常宮の産小屋の風習は、妊婦は産気づくと歩いて小屋に入り、藁の上で出産、一度ごとにあらためる。男の出入りを禁じ、これを犯すと神罰があると信じている。産後 30 日の間小屋で暮らし、はじめて家に帰る」とある（1933 年の『郷土研究』第 2 巻、114 頁、「報告及び資料」中の常宮神社の神主からの聞き書き）。1970 年の学園祭では産小屋の写真とその由来などが発表されていたが、今となっては、『海路残照』で想像する他ない。本書公刊にあたり、中島嘉文・元福井県立若狭高校校長から、西山やよい「小浜市産育習俗調査記録」（『若狭』17 号、1977 年）と、谷川健一＝西山やよい『産屋の民俗――若狭湾における産屋の聞書』（国書刊行会、1981 年）を紹介された。また 2023 年 4 月 15 日付『朝日新聞』「はじまりを歩く　生理用品」参照。

2 「1968年」無数の問いの噴出の時代における45カリキュラムに学ぶ
――リベラルアーツ・法学教育の萌芽

『職業としての学問』と『共産党宣言』との出会い

高校生の頃、学校図書館の推薦のところにあり、この間、見つけてきたマックス・ヴェーバー（尾高邦雄訳）の『職業としての学問』（岩波書店、1963年）を読みました。これは昭和45年（1970年）の版を買っていますから、確実に高校のときに読んだ本で、自分なりにかなり影響を受けました。それから、マルクスの『共産党宣言』（岩波書店、1951年）を読みました。史的唯物論、つまり経済をベースに政治のあり方を考え、最後には資本家から労働を搾取される労働者への「万国の労働者よ、団結せよ！」という言葉でまとめられる、すごいアピール力のある本です。これはかなり強調され、印象に残りました。それから教科書の中では、丸山眞男さんの論文「『である』ことと『する』こと」。民主主義はこういうもの「である」と決めつけるものではなく、民主主義を「して」いくのだとして、そのあり方を考えた論考でした。

そういうものがすごく印象に残り、官僚養成制度を眺めたいという動機付けから、私どものエリアはだいたい京都のほうに行ってしまうのですが、私は東京まで来てしまった。そこで、東京大学文科Ⅰ類での生活が始まったわけです。

高校3年生の受験直前は、連合赤軍の浅間山荘事件――今年

(2022年) 50年目ですが——それを見ながら、人々の解放を求めながらもこうして破滅していく学生運動については、それがどういうものなのかを研究をしてみたいと少し思いました。しかし、そういう運動には若干冷めた目で見ながら大学に入ったのでした[1]。

1972年「駒場の学生」として「無数の問いの噴出の時代」を暮らす

1969年に高校に入ったとき、27ホームの先輩だった3年生の田中篤さんから、「とにかく1年に300冊の本を読め」と言われました。さすがに300冊は読めなかったのですが、それ以来1学年で100～150冊ぐらいは片っ端から読みました。

2021年度、「現代社会を教える」ということで、教養科目を教えていくうえで、自分の大学1年のときにはどんな生活したのかなと振り返り、その頃の本を取り出し、もう1回読み直したりしました。1972年の記録は資料にまとめてあります【2−A】～【2−I】。

1972年4月の入学時はストライキで授業がなかったので、5月から始まりました。五月病になる前に1か月ブラっとしてから、この「無数の問いの噴出の時代」(「はじめに」参照) における、45カリキュラムを含む授業に入っていきました。

当時、ヴェーバーの『職業としての学問』を読んでいたので、初めはヴェーバー『宗教・社会論集』(河出書房、1968年) の論文「プロテスタンティズムの教派と資本主義の精神」(中村貞二訳)「R・シュタムラーにおける唯物史観の『克服』」(松井秀親訳) を読むという谷嶋喬四郎教授のゼミに入りました【2−A】。しかし、理解できていたかどうか分かりません。でも、何かこういうものに関心があったのでしょうね。「ザイン」と「ゾレン」を区別するという社会科学のあり方を強調されていました（注2価値からの自由（Wertfreiheit）参照）。

それからもう一つは、政治学入門の岩永建吉郎教授のゼミ。L・コーザー著『知識人と社会』（培風館、1970年）を読んでトクヴィルやロックを学ぶところから、知識人と政治のあり方を考えるという内容でした。この頃はむしろ、政治への関心のほうが強くありました。

法学部ですから、法学入門も取りました【2－B】。そこで読んだというより、読まされたのが『ラートブルフ著作集第3巻法学入門』（東京大学出版会、1964年）でした。ラートブルフは、ドイツの法哲学者、刑法学者です。当時読んだ『法学入門』を見直しますと、結構線が引いてあって、概念を学ぼうとしていることがわかります。ただ、法学入門の冒頭いきなり「法と正義」ですから、当時読んでも全然分からなかったのではないかと思います。

今、この目次を見てピタッとくるのは、「自然法と事物の本性」とか「法、習俗、倫理」との違いとかでしょうか。この辺はいま（2022年当時）弁護士39年目ですが、弁護士をしていると自然法という概念がいつも出てきますが、どうもこれがよく分からない。その後、今日に至るまで、自然法のことを書いてある本を読むのですが、時代とともに、また論ずる学者とともに、この自然法の意味が違っていくわけです。ラートブルフはそういうものよりはむしろ、事物の本性を見極めるために法律を生かせ、と。この間、『法学入門』をもう1回読み直すとそういうことが書いてあり、これはわれわれが実務家としてやってきたことではないか、と思いました。50年前には分からなかったことが、今回はサッと読むと頭に入りました。やはり、いろいろ勉強してよかったなというところです。

法学入門の授業は大学1年目の前期でした。後期は実定法学入門ということで、さまざまなケースメソッドが出てくる教材として、英米法学者である田中英夫さんの『実定法学入門［第二版］』（東大出版会、1972年）を用いました【2－C】。判例、慣習、私人による取決め、立法、司法などのことがいろいろ書いてありました。ただ、私は政治学に興味があったので、当時はこの辺の興味はあまりありませんでした。今一度紐解いてみると、アメリカのロースクールにおけるプロブレム・メソッドの紹介などもあります。これが後にロースクールとして、日本でも法科大学院として、道が開けていくことになるわけです。50年前にはこんな程度のものだったというのも、日本の法学教育の歴史の中での、一つの道のりだったのではないかと思います[2]。

「職業としての政治学者」を考えたころ

教養学部1年生の前期では「政治学入門」として、京極純一教授の政治学を受講しました。京極教授から「文献を読め」と随分言われました。ヴェーバーの『経済と社会』の翻訳本、いずれも世良晃志郎訳『支配の社会学（上）（下）』（創文社、1960年、1962年）、『支配の諸類型』（創文社、1970年）などに目を通しました。支配の3類型【2－D】は有名なものですが、今われわれは合法的支配、法律に基づく政治のあり方の中で生きているわけです。また、柳田國男の『日本の祭』（角川書店、1970年）『遠野物語』（角川書店、1971年）など、いろいろなものも読めと言われて読みました。こうした青雲の志を持った人々が日本の中枢で政治を築き上げてきた、明治からの時代の政治を科学するものとして、後に京極教授が『日本の政治』（東京大学出版会、1983年）をまとめられます。このあたりにはすごく興味を持ちました。

後期の政治学入門では、トクヴィル（岩永健吉郎＝松本礼二共訳）『アメリカにおけるデモクラシー』（研究社、1972年）を読みました【2－E】。これはトクヴィルというフランスの貴族兼学者が、アメリカに行ってアメリカ以上のものを見るというもので、アメリカの民主主義とフランスの民主主義を比較しています。アメリカの民主主義にはロックの思想が深く根付いていて、1950年頃の共産主義者を排除する赤狩りの歴史を経ながらも、1960年代には情報公開法をつくり、情報の自由を確保しなければならないという流れになっていく、そうした民主主義の一つのあり方を、ここで学ぶことができたと思います。

そこで私は2年生のとき、京極純一教授の「政治過程論」という授業も受けました。3年生でも、数量政治学の京極ゼミで「大飯原子力発電所の設置をめぐる政治意識の分析」をテーマにしました。福井県大飯町に出向いて、「原発を設置していいでしょうか」というアンケート調査を行い、また原発推進派と反対派が争った町長選挙のデータもいただいてきて、その意識構造がどう変わるのかの調査を行いました。当時の東大には安田講堂の事務室内に大きなコンピュータが一つあったので、そこに数式を入れて分析しました。京極教授からは「なかなか面白いレポートだね」と言われましたが、やった割には達成感があまりなかったです。

折原浩助教授からの「学び」——「学問とは何か」を考える

少しさかのぼりますが、1年生の後期に、当時助教授の折原浩先生のゼミにも入りました。彼は、社会学者でありながら、東大裁判の特別弁護人ということで法廷に立ちました【2-F】。後に『東京大学——近代知性の病像』（三一書房、1973年）の中で、裁判の経過を書かれています。

折原先生のゼミは、裁判の傍聴と証人尋問調書を読むものでした。証人尋問として加藤一郎さん、坂本義和さんなど、著名な学者が証人として東大裁判に出廷されました。そういうものを見ながら、「学問とは何か」ということを考えていくよすがにしていったわけです。

当時、『職業としての学問』を読みながら、折原助教授の「ウェーバーと『大学問題』」（安藤英治ほか『ウェーバーの思想と学問』風媒社、1972年）という講演録も読みました。そこで再読すると【2-G】、「大学で教鞭をとるものの義は……」、「ただ知的誠実性」、知的廉直とも訳されていますが、そこにある、と。しかし一方では、事実を確定すること、言い換えれば数学的な、ないし論理的な事実を確定したり、文化財の内面的な構造を確定したりすること、他方で文化の価値、文化のいろいろな内容の価値に関する問題に答えること。したがって文化社会や政治団体の内部で、どのように行動すべきかという問題に答えるか。この事実の確定と、どう行動すべきかという二つのものが全く別物だということを認識して、学問しなければいけないということが強調されています[3]。地道な仕事をしなければいけないのだなというようなことを考えました。

その中にヴェーバーを超える独自の考え方が出ています。一番端的に言うと、「弓が的に帰る」という感覚です。「おのれを空しゅうして自己の課題に心うちこむ」。そして「まじめな、良心的な研究作業を積むプロセスで克服し、着想を」待つ。着想が落ちてくるのを待つという、そういう境地を求めるということです。

ちょうどそれは後に折原浩『デュルケームとウェーバー（上）（下）』（三一書房、1981年）の中では、九州大学の滝沢克己さんという哲学者が論じていることと結び付けて書かれています。弓を的に射るというのではなく、ひたすら打ち込んでいくと弓が瞬間離れて的に帰る。そういう境地が学問研究にとっては、とても大事なことだということを論究されていました[4]。ちなみに私は16歳のときから、郷里近くの禅の専門道場で禅を習い始めました。その話については別に講演したことがあるのでここでは割愛しますが[5]、「調身・調息・調心」によりひたすら呼吸を整え、一つ一つの呼吸に集中していく境地と学問がどう結び付くのかということを、弓の例で考えました。

ここで参考になるのは『日本の弓術』（岩波文庫）という、ドイツの学者オイゲン・ヘリゲルの本です。そこに阿波研造さんという弓の達人が出てきます。夕方の暗闇の中で的に向かって弓を3本弾くと、的の真ん中に1本目が当たり、その矢の一番尻尾（筈（はず））に次の矢が当たり、そしてまた、2の矢の筈に次の矢が当たる。これをオイゲンさんが日本の茶道、書道、禅道など、さまざまな道につながる文化として解説していく本ですが、これは一つ、参考になるのではないかと思いました。とはいえ、なかなか社会科学と結び付けることはできないのですが、そうしたことも考えながら勉強を続けていくことになります。

「主張することと立証すること」の折原ゼミ【2－H】を見に行った時は、まだ司法試験を受ける気はさらさらありませんでした。ですが、ずっと裁判傍聴をしながら、裁判とはどんなものか分かっていったということです。

折原ゼミについては、若干のお褒めの言葉をいただいたことがあります【2－I】。このゼミからは、住民—市民運動に関わり、しかも綿密な論証ができ、法廷闘争も担うことができ、さらにそうした実務の中から新たな理論を構成していける、広義の研究者・探究者が出てきている、これは大きな喜びであるというようなことでした[6]。

リベラルアーツとしての法学部教育

法科大学院ができたときに、法学部の教育がどうあるべきかと言われ、「リベラルアーツ」という言葉が出ました[7]。法科大学院教育をずっとやっているときには、そこのところを具体的にどういうものかとイメージできませんでした。しかしこの１年、１年生から４年生の法学を初めて学ぶ子たちに分かりやすい言葉で話さなければいけないという思いから、自分が学生のときにどうだったのかを振り返り、当時読んだ書物をもう１回読み直しながら、「これがリベラルアーツだったのかな」という感覚がようやく分かってきました。いま思うと、大学の教養学部と法学部における学びは、私にとっての、いわばリベラルアーツだったのでしょう。これは法科大学院教育、後の法学教育のあり方に一つのサジェスチョンを与えることができるのではないかと考えているところです。

マルクス『資本論』と見田宗介教授「現代社会の存立構造」を学ぶ

一方、法学部２年生のときには、専門課程で憲法や民法が始まったのですが【2－J】、私は、真木悠介さんこと見田宗介教養学部助教授（当時）による「現代社会の存立構造」という『思想』の論文[8]を手掛かりとして、マルクスの『資本論』を読み、社会学的に現代社会を見極めるという見田ゼミに出ました。しかし、単位は取れていません。夏休みに自動車学校に通っていたので、ゼミ合宿に出られませんでした。先生はその後、病気になられ、「ゼミ合宿に出た人にだけ単位与える」と言われたので、私は単位をもらえませんでした。しかし、「現代社会の存立構造」は、マルクスをどう読むかというところのヒントになったものでした[9]。

なおこの間、いま岩波文庫でも品切れでなかなか読むことのできない『共産党宣言』が、ネットで調べると著作権が解除されていて幸徳秋水と堺利彦の訳で読めるのを、大逆事件で亡くなる幸徳秋水の訳かと思いながら眺めておりました。経済をベースにして政治制度を論じ、そこから労働搾取される労働者の団結を説き起こした『共産党宣言』です。

今、経済学部でマルクス経済学を学ぶ機会はほとんどありません。どこで教えているのかと思いましたら、文学部の倫理学、哲学の分野において熊野純彦さんがいらっしゃいます。岩波新書にもありますが、一番の大著は『マルクス資本論の思考』です[10]。『資本論』の枠組みをきっちり整理して、これまでの日本で論じられたマルクスについての文献も、ほとんどすべて注に入れたという本です。これは日本社会の構造を客観的に見る上での、一つの指標になるのではないかとい思います。
こうしたこと【2－K】を、49年前に、見田ゼミで匂わせていただきました。貨幣は諸商品相互の関係を媒介する。物を買うときにお金を使う。そうした関係における貨幣の位置付けが、最も賤しいものであるがゆえに、最も高貴なものに転位する。この関係を明らかにした、これが価値形態論のはしりです。今回民法を教えるにあたって、民法の条文を押さえるときに、この価値形態論はすでに民法のベースになっているのではないかと思ったものですから、ここで引用させていただきました。後ほど、また説明します。

原書購読『理解社会学のカテゴリー』から「法律行為」の意義付けに至る

2年生の後期には、裁判闘争の傍聴の記録とは別個に、海老原明夫さんと中野敏男さんが訳されたマックス・ウェーバー『理解社会学のカテゴリー』（未来社、1990年）を原書で読むという折原ゼミに参りました。
読んだ中で非常に頭に残っていたのは、雨が降ってきたときに通行人が一斉に傘を広げる、これは法律行為なのかどうかという問いです。皆さん、どう思われますか。――これはまだ法律行為になっていません。資料【2－L】にある通り、①「同種の大量行為」、すなわち「路上でにわか雨にあった一群の通行人たちが、傘をひろげるという反応」から②「無秩序のゲマインシャフト行為」――これは「凶器を手にした酔っぱらいがいるという脅威があるときに、多くの通行人がその酔っぱらいにとびかかり、共同して、場合によっては手分けして取り押さえる」ような――みんなの意思疎通があるわけではなく、瞬時にみんながそうやってしまう、無秩序な行為[11]と、③「諒解行為」というゲマインシャフト行為——すなわち、お互いに知り合うというところです。これは市内電車のある乗客が車掌と争っている場合に、他の乗客たちがその争っている乗客たちに加勢する。それは争っている人の言い分を聞きながら、もっともだと思って加勢する。ここに諒解行為が初めて出てきます——これは法律行為になっていませんが、これを経て、④ゲゼルシャフト行為が導き出されます。この、④のところが、初めて法律が関わってくるところです。すなわち、市内電車の乗客たちが後になって共同して異議申し立てを行うといった、諒解行為が制定律により秩序付けられている特殊事例です。

人間の行動を、一人一人の、あるいは一つ一つの法人がどう行為をするのかということの前に、民族などの社会形態を実体化するのではなく、理解可能な意味をそなえた諸個人の行為のところから論じる。さまざまな行為を諸個人の行為から論じていく。法律が出てくるのは、恐らくこの④のところからです[12]。

社会科学としての法学から「事実をザルですくう」法実践へ

これは最近もう１回読み直してみて、獨協大学でリーガルクリニックを教えるときに、実はこういうことが本当はベースの基礎理論としてあったのだろうと思うようになりました。法律相談で依頼者の話を聞く際には——今日は法律家になられた方もここに来ておられますが——そのお話の中から法律違反になっているような事実を引き出すわけです。これは、若手の弁護士に教える時にいつも言いますが、「事実をザルですくう」ようなものです。ザルですくうときに、法律の要件に引っかかるものだけがザルの中に入り、それ以外のものが下に落ちる。ザルで引き上げた法律行為にかかわるものが、私人間の争いなのか、国との争いなのか、それともまた「人を殺してはいけない」という倫理に反するようなことについて、国に処罰されるようなものなのか。

人と人の争いだとしたら民法や商法の関係になってきますし、国と個人の争いになると行政法や憲法の問題になってきますし、反倫理的なことをやって国に処罰されるというと刑法の分野になってきます。このようにザルですくったときに引っかかるもの、これが法律の役割ではないかと、常々実務家として思っていたわけです。ザルでものをすくったときに落ちる部分が、人間の行為にさまざまあることを、ヴェーバーの上記①から④までの四つの類型によって、今回再発見しました。

マルクス『資本論』とヴェーバー『プロテスタンティズムの倫理と資本主義の精神』

今挙げた四つの類型というのは、なかなか分かりにくいところがありますので、当時読んだ『プロテスタンティズムの倫理と資本主義の精神』から、経済の発展について見てみます【2－M】[13]。

ヨーロッパでなぜ資本主義が起きていったのかというと、プロテスタント、特にカルヴィニズムの人たちがコツコツとお金を貯めたということがありました。マルクスの『資本論』に出てくる商品経済のルール――お金で商品を買い、また材料をお金で仕入れて商品をつくって売る。材料を買い、商品をつくり、売り、お金を戻し、また商品を売って――に則ってお金がどんどん貯まっていくと、拡大再生産が起きます。なぜ拡大再生産が起きるのか。カルヴィニズムの人たちにとっては、自分が救われているか、呪われているかを知ることができない不安から、その商品を売ってお金ができたときに、そのお金を貯めることが将来天国で自分が救われるところの確証になるということです。こういう、拡大再生産をするときの宗教的な倫理観の働きが、意図しない随伴結果として、現在の資本主義社会を形づくる根本的な動機付けになったということです。そのことが、マックス・ヴェーバーの『プロテスタンティズムの倫理と資本主義の精神』の中で論証されていたことです。

救われるという目的のために、お金を蓄える合理的な行為。この目的合理的な行為の中に、しかし意図しない結果として資本主義が形成され、今のようなグローバリズムの資本主義がどんどん展開していく。こうした構造の中に、先ほど述べた『理解社会学のカテゴリー』を基礎論文として、プロテスタントの宗教の禁欲の精神が世俗化したときに、ひたすら営利を追求する資本主義の精神が成立するわけです。

私はこうしたことを学んだところから、「ザルで事実をすくい取る」ところの延長で、何か法律……民法などを使えないかと思い、実務家を選んでいくわけです[14]。

なお、3年次においても城塚登教授に初期マルクスを学びました。初期マルクスは、『資本論』ができる前にどういう研究をしていたのかということで『経済学・哲学草稿』[15]を読みました。それから宇野弘蔵教授・東京大学社会科学研究所所長の『経済原論』[16]。これは『経済原論』を勉強してマルクス経済学を学ぶわけです。

これは頭の中にこびりついていますが、その頃は資本主義がだめになったら社会主義に至る。その一つのモデルがソ連だという話がありましたが、そうではないということがソビエト連邦の崩壊で分かるわけです[17]。そのとき外務省主任分析官として現場にいた佐藤優さんは、これを資本主義の原始的蓄積の段階として見定めたという論説に出くわしたことがあります[18]。

そこからもう一つ、リーマン・ショック後に企業が倒産した時、破産法が改正されました。民事再生法ができ、資本主義はより強固になっていきます。当時私は弁護士になっていましたが、うちのボスの弁護士、私の指導弁護士である原後山治弁護士が、貧しくなった労働者がみんな革命を起こすような、窮乏革命論はあり得ないのだと話していたことを思い出しました。

企業が破綻して路頭に迷っても、資本主義はすぐに再生していく。この資本主義のすごさですね。最近だと斎藤幸平さんという若手の学者が、『人新世の「資本論」』の中で書かれています[19]。破産法の改正や民事再生法の制定のときに「資本主義ってすごいな」と思いましたが、グローバル化していく資本主義の得体の知れない働きについての学びも、そういう時に生きてくるということです。

宇野弘蔵『経済原論』とヴェーバーの社会科学の方法における「理念型」

さまざまな経済政策はその発展段階論ということで、私は学びの場が本郷に移った３年生のときもまともに法律の勉強をしないで経済学などを勉強していました【2－N】。

経済学のベースになっているのは、イギリスにおける17世紀、18世紀から19世紀にかけての資本主義の発展のところで、商品経済が小生産者的経済生活を資本家的に自由平等なる商品経済に純化し、合理化する。ここが一つのモデルになり、マルクス『資本論』をふまえて、宇野弘蔵『経済原論』（注16、20参照）ができるわけで、いわゆる原理論です。『資本論』はそこを、資本主義自身を一定の歴史的過程とし、その商品経済的機構を明らかにするという批判的方法に途を拓いたと言われているところです。

資料【2－0】の宇野理論について。最初の太字は原理論で、資本家と労働者と土地所有者の三階級からなる、純粋の資本主義社会を想定しています。次の太字で、資本主義社会の発展過程において種々異なった様相をもってあらわれる諸現象を発展段階的に規定します。商業政策、工業政策、農業政策、植民政策等の経済政策論や金融論、財政学あるいは社会政策論等は、この発展段階論です。その次に現状分析論として各国の、あるいは世界経済の現状を分析しうる。この三段階です。

宇野さんと丸山眞男さんが一緒に座談したことがあるのかと思い、この1年いろいろ分析したのですが、見つかりませんでした。丸山さんは、別の人との座談で、宇野さんの三段階論はヴェーバーのいわゆる理念型ではないかと言っています[20]。丸山さんは論文「『である』ことと『する』こと」によって民主主義の政治学を構築するための働きかけをし、マルクスの経済学理論に影響を受けながら、民主主義の永続革命から経済理論とは異なる政治学理論を追い求めたのではないかと思い、高校のときに読んだ論文「『である』ことと『する』こと」が、最近ようやく少し整理できたということです[21]。

注

1 「テレビで視た安田講堂攻防戦から1972年東大入学まで」として、折原浩＝熊本一規＝三宅弘＝清水靖久『東大闘争と原発事故――廃墟からの問い』（緑風出版、2013年）161～166頁。なお、同書180頁で、前掲注8で述べた山本義隆と哲学者滝沢克己との間における「滝沢―山本往復書簡から山本氏が探究してきたこと」について論究している。

2 戦後日本の法学教育における「法学入門」ないしこれに類似する題名の書物については、民法学者である星野英一東大名誉教授が『法学入門』（有斐閣、2010年、12頁）に参考文献として掲げている。その中には、田中英夫『実定法学入門［第3版］』（東京大学出版会、1974年）も「法学部進学の学生入門書」として掲示されている。団藤重光『法学の基礎［第2版］』（有斐閣、2007年）も掲示されているが、現代法学全集1『法学入門』（筑摩書房、1973年）が、東京大学定年退官時に法学部進学学生用の入門講義をもととした最初の作品である。星野教授は、『法学の基礎［第2版］』について、「深い哲学的思索に基づく著書」と評するが、私も、団藤教授の東京大学定年退官時に、大学2年目で刑法総論の授業を少しだけ覗いた者として、同じ年に大学1年生を対象とした入門講義を書籍化した『法学入門』を司法試験合格後に、あらためて精読している。団藤教授においては、ラートブルフは、「各種の価証体系がそれぞれに整序された形で示されながら、結局はそのどれをとるかはもはや学問的に決せられるべきことではなく、各自の立場によるものとされる」という「体系的相対主義」の立場に立つか、「世界の、したがってまたわが国の法哲学界にあたえた影響の大きさの点でかれの右に出る者はないとおもわれる」と評している（団藤『法学入門』247、248頁）。同時に、マックス・ヴェーバーについては、「かれは、科学論（Wissenschaftslehre）の一環として社会科学的講義の客観性を論じ、とくに社会科学の方法論として『没価値性（価値からの自由（Wertfreiheit）』を論じ、また、社会科学的認識の方法として『理念型（Idealtypus）』の考え方を提唱した」ことを評価し、「かれはビスマルク時代から第一次世界大戦、ドイツ共和国の成立といった激動期に直面して、はげしい政治的意欲と宗教的自制心をもちながら、科学の名において政治や宗教の立場が主張されることを極力排撃して、『職業としての科学』の客観的中立性を強調した。……かれは、法秩序の概念と意味とについて法的なものと社会学的なものとを区別し、したがって法的ないし法ドクマ的考察方法と社会学的考察方法とを区別する」と評している（同書248、249頁）。

星野教授は、五十嵐清『法学入門』（日本評論社、1979年）については、「内容は団藤著に近く、スマートな筆致のもの」と評しているが、同著は、価値判断の客観性が認められるならば、法解釈学の客観性、科学性も認められることになるとしたうえで、価証絶対主義の一つに、マルクス・エンゲルスの発展段階説に従い、客観的価証を科学的に検証できると主張する見解は、今日独占資本主義の段階にあり、それは生産力と生産関係の矛盾により、社会主義へと移行すると解し、法の解釈も、このような歴史の発展法則を推進する立場に立ち、またそれによって法解釈の客観性、科学性も実現しうるという立場を紹介する（五十嵐清『法学入門［第3版]』悠々社、2005年、169頁）。この立場について、五十嵐教授は、「社会主義法が資本主義法のより高次の段階にあるかについて、歴史が明らかにする前に、社会主義体制が崩壊した。このため、マルクス主義は当面影響力を喪失した」と評している（五十嵐前掲書、169頁）。

もっとも、資本主義経済の発展に並行して、既に川島武宜『所有権法の理論』（岩波書店、1949年）は、「資本の法的構造の全歴史的発展の起動力たるところの・且つ資本を資本たらしめるところの・所有権の私的性質、の発展を総括」し、「その端初において所有権から出発したところの資本は、所有権と対立するところの債権に媒介されつつその対立を止揚して債権そのものとしてあらわれ、ついで債権と融合してあらたな統一としての株式となり、さらに株式のn乗となり、最後にその最高の支配としての個人的支配権（株式又は債権）に至」る過程を明らかにしている（川島前掲書、351、353頁）。

また、山中康雄『法学——資本制社会の法と市民的イデオロギー』（法律文化社、1976年）は、ソビエト社会主義体制崩壊前において、「有償契約と双務契約の本質を商品交換契約であるとし、民法が有償契約と双務契約の効力として規定していることを、マルクス資本論にいう商品等価交換の法則の実現を保障するための法理である」として、資本制社会の法と市民的なイデオロギー体系を展開するものであった。

ソビエト社会主義体制崩壊後においてもグローバルな展開の様相を呈する資本主義経済を予見するかのように、宇野弘蔵・元東京大学社会科学研究所所長は、資本主義経済からの社会主義経済への移行を認めず資本主義経済の分析の手法として、体制崩壊前において、原理論、発展段階論、現状分析論の三段階論を提案したが、これを参考とした、青木孝平『経済と法の原理論——宇野弘蔵の法律学』（社会評論社、2019年）などがある。

柄谷行人『世界史の構造』（岩波書店・現代文庫版2015年）と同『力と交換様式』（岩波書店、2022年）をふまえれば、あらためて、資本制社会を超えた交換様式Dに基づく社会を構想し、それを目指す法律学も構想することができそうであるが、これについては後注20において、別に論じる。また、アジア太平洋戦争前のマルクス主義法学を担った先人の研究から分析、考察した森英樹『マルクス主義法学の史的研究』（日本評論社、2022年）からもう一度学び直したい分野である。

五十嵐『法学入門』は、法解釈学の価値判断の客観性についての価値絶対主義として、自然法論とマルクス主義を摘示するが、他方で、価値相対主義（絶対的・客観的価値の存在は科学的に検証できず、それは個人の世界観や信仰の問題であるという見解）を提唱した者として、ウェーバーをあげ、ウェーバーの価証相対主義を法学に導入した代表的学者として、ラートブルフをあげる（五十嵐前掲書 170 頁）。本書 25 頁で示す『ラートブルフ著作集第 4 巻』（東京大学出版会、1961 年、33 頁）において、ラートブルフがウェーバーの価値相対主義の正しい理解者であることを示している。

以上のほか、我妻栄（遠藤浩・川井健補訂）『民法案内 1　私法の道しるべ』（勁草書房、2005 年）や、末弘嚴太郎『末弘著作集 1・法学入門［第 2 版］』（日本評論社、1980 年）などもあわせ、従前の法学部新入学生を対象とする「法学入門」であった。

2004 年に日本における法科大学院が開校されてからは、法学未修入学者に対しても、憲法、民法、刑法等の基本書や「法情報学」などの周辺科目の教科書などが使用されるようになった。

法科大学院教育の実施に伴い、法学部教育は「リベラル・アーツ教育であるべき」と言われるようになったが、その実態は明らかではなかった。

その中で、市民のもとしての民法、社会の改良を目的とする民法学を考えた大村敦志『人間の学としての民法学 1 構造編――規範の基層と上層』（岩波書店、2018 年）は、民法学と他の学問領域の異同に焦点をあて、他の学問とは区別される「民法学」の特色を示す。同『人間の学としての民法学 2 歴史編――文明化から社会問題へ』（岩波書店、2018 年）では、他国のそれとは区別される「日本の民法学」の特色が示されている。大村教授は、初めて学ぶ者に対する「法学習者の共通教養としての民法」として、将来の専門家（研究者、法曹）をめざす人々の基礎教育と一般教養のための教科書として『新基本民法 1 ～ 8』（有斐閣、2014 年～ 2017 年。第 2 版 2019 年～）を刊行するとともに、法律・判例を中学生・高校生と読みとく『法的思考の基礎　新百万人の民法学発展編（上）（下）』（商事法務、2022 年）も刊行され、万人のための民法学が展開されている。

大村教授が「厚い叙述や立ち入った議論の展開は、内田『民法』の独壇場であり、現時点において新たな書物をつけ加える意義は見出しがたい（大村『新基本民法1総則編第2版』、Ⅴ頁）と評されるのが、内田貴『民法Ⅰ～Ⅳ』（東京大学出版会、1994年～）である。内田教授は、その後、『法学の誕生――近代日本にとって「法」とは何であったか』（筑摩書房、2018年）を刊行し、さらに、日本の「法学の誕生」を通じて、いまなぜ法学（民法学）を学ぶのかを考える『高校生のための法学入門――法学とはどんな学問なのか』（信山社、2022年）などがある。高校生のためには、宮川基『高校の教科書で学ぶ法学入門』（ミネルヴァ書房、2021年）なども公刊されている。

法律の専門家を養成するためとされる法科大学院教育が定着する一方で、法学部における教育は、リベラルアーツであるとされる。「人間が自由な人格であるために身につけるべき学芸」としての「リベラルアーツの法学」を目指す松田浩道『リベラルアーツの法学――自由のための技法を学ぶ』（東京大学出版会、2022年）の他に、江藤祥平他『大学生活と法学』（有斐閣、2022年）、東京大学法学部「現代と法」委員会編『まだ、法学を知らない君へ――未来をひらく13講』（有斐閣、2022年）なども公刊されている。法律文化社の「18歳から」シリーズのうちの、潮見佳男外『18歳からはじめる民法［第4版］』（法律文化社、2020年）も、一般市民や社会に対して「法的ルール」をこれまで以上に設定させていくことが必要であるとし、また高校までの法教育をどのように行うかについて考えるものとなっている。

3　折原は、「ウェーバーのいう運命とは、必然性というか、人間がなにかをしようが、否応なく強制的に人間を支配していうなにものかではなく、人為にたいして、人為的な努力のはてにはじめてあらわれてくるような、しかしそのあらわれは人為によっては支配できないような、なにかそういったものとしてとらえられている」と説明し（前掲

『ウェーバーの思想と学問』71頁)、「被造物的な情念を、まじめな、良心的な研究作業を積むプロセスで克服し、着想を『待望』する境地」とも表現し（同73頁)、さらに、その境地は、「東洋の伝統的な『道』の精神にも通じている」として（同73頁)、滝沢克己『芸術・競技・人生』（内田老鶴圃新社、1969年）に論及し、弓道を例にとって、「稽古に稽古を重ねるなかで……ある瞬間、突如として、なにか自分をこえたものが自分をとおして的を射る——射手である自分はただ、その正しい『射』、射そのものの動きに素直に乗ればよい、というふうな逆転が生ずる。……稽古というArbeitによって滅却された無心の境に、人間をこえることから『射』がふり落ちてくる」という境地（同『ウェーバーの思想と学問』74頁）に学問、学びの根本義を説いたのである。

4　折原浩『デュルケームとウェーバー（下)』（三一書房、1981年）においては、「ゲーテ、ウェーバーら西洋人によってとらえられ、語り出されているこの境地は、意外にも、東洋的な“道”の奥義とも通底しているように思われる。……『情熱』をこめて『稽古』に『稽古』をかさねていくと、ある日思いがけず……いわば『射そのもの』が『射手をとおして的に帰る』——というような境地に達するという」ことを紹介している（294頁)。これを学問としては、「デュルケームやウェーバーといった古典的代表例に最高度に体現された“近代科学のエートス”をわたしたち自身の日常的営為のただなかで、具体的—徹底的に“わがもの”として会得し、まさにそうすることをとおして、それを内在的—《縦深的に突破》し、人間存在そのものが直属する『原点』と『根源的制約』にアプローチする、という方向をとって進む以外にはない」と決意し（295頁)、歴史社会学研究へと展開されていった。そのまとめは、数々の研究業績をふまえて最後には折原『東大闘争総括——戦後責任・ウェーバー研究・現場実践』（未来社、2019年）と同『マックス・ヴェーバー研究総括』（未来社、2022年）として結実された。「東洋的な“道”の奥義」について、折原は『マックス・ヴェーバー研究総括』においては、魚住孝至・放送大学教授の「一連の仕事」を紹介している。「日本の伝統的『亀鑑的社会層』としての『武家』の特性と『武道』に独自の文化意義とを、宮本武蔵を焦点に据えて掘り起こし、オイゲン・ヘリゲルやマルティン・ハイデガーの哲学も援用しながら、広く日本文化一般の特性として据え直し、展望した功績」を評価している。但し、同時に、「ヘリゲルやハイデガーが、かつてナチズムに荷担した事実が、問題としてくすぶっており、『それ自体としては深みのある思想が、なぜか政治―社会状況の対応は誤る危うさ』をなにほどか象徴している事例」として指摘し、「自分の求道ないし目的投企が、状況の中でどういう結果をもたらすか、最大限、経験科学的に予測し、結果にも責任をとろうとする」「責任倫理」を対置することを提言し、「そのスタンスを魚住氏にも要請してきました」と述べる（『マックス・ヴェーバー研究総括』、257 頁）。筆者も長く、折原教授から、「（『学問道』に置き換えると、さだめし『着想 Einfall』に当たる文化創造一般の）極意の洞察」と共に（同 256 頁）、経験的モノグラフによる予測と検証の重要性として教えられたところである（折原浩「経験的モノグラフと方法論との統合的解釈――方法論ゼミの一方針として」東京大学教養学部編『教養学科紀要（12）』1979 年、43 ～ 92 頁参照）。魚住孝至『道を究める――日本人の心の歴史』（（一財）放送大学教育振興会、2013 年）も参考となるが、特に同著で紹介されている山岡鉄舟（同書 252 頁）をロールモデルとして、「剣と禅」のうちの「剣」に代わる「社会科学」をもって「坐禅と社会科学」を探究してきた（後注 5 参照）。

5　三宅弘『弁護士としての来し方とこれから福井でしたこと――原田湛玄老師と折原浩教授からの“学び”をふまえて』（シングルカット社、2013 年、11、15、64 頁）。前掲注 4 の折原教授の言説に従えば、「学問道」の洞察と経験的モノグラフによる予測と検証について、三宅同書51頁のとおり、「一生修行——坐禅と社会科学」として課題設定し、探究してきたところである。

6 折原浩『ウェーバーとともに40年——社会科学の古典を学ぶ』(弘文堂、2006年、30頁)。

7 前掲注2の松田『リベラルアーツの法学』は、冒頭「リベラルアーツとは人間が自由な人格であるために身につけるべき学芸」とし、大学における一般教育として、「(1) 自由の探究、(2) 古典の重視、(3) 学際性の重視という3つの観点から、『リベラルアーツの法学』は何を目指すか」、考察する(同書「はじめに」ⅰ)。(1) は「平和をつくることができるような真に自由な人間を育てること」、(2) は「古典を通じて自由な態度で認識能力をきたえ、未知の課題を発見し、学際的な分析を深めたうえで、より良い世界のために行動すること」を目指す、(3) は「容易に答えの出ない現代的課題に取り組むためには、古典と並び、分野を横断して学際的に取り組んでいくことが重要」であるとして、「個別の分野の知識を結びつけて課題に挑戦する能力、そして、対話をしながら協働する知性」の獲得を目標とする(同書「はじめに」ⅱ〜ⅳ頁)。

そのうえで、法科大学院は、一般教育で「リベラルアーツ」を学んだうえで、法律家になることを志した者に対して法曹養成のための専門教育を行うこととされたが、「平成の司法改革が、そもそも制度改革とは何を考慮し、如何に進められるべきかという『制度改革の理論』なく行われた」と批判される。このため「新司法試験が資格試験にその性質を変化させず、従来通りの競争試験であったことが、他の部分で法科大学院の予備校化を招いた。加えて、予備試験制度を例外として認めたことが、法科大学院の予備校化に一層の拍車をかけた」と総括される(須網隆夫「第3章制度改革の理論とはなにか——審議会にかけていた改革の理論」須網編『平成司法改革の研究——理論なき改革はいかに挫折したのか』岩波書店、2022年、64頁)。「結果的に、制度改革後の土着化は、外部アクターの関与が生じるより前の法曹界の論理、すなわち閉鎖的なプロフェッショナリズムを強め、改革の効果を減殺する方向で生じることになった」とも評されるところである（待鳥聡史『政治改革再考――変貌を遂げた国家の軌跡』新潮社、2020年、228頁）。

筆者の獨協大学法科大学院閉鎖時における、成果を得られなかったことについては、三宅・前掲「最終講義の案内」注3書の「序論　教育現場からみた司法改革――獨協大学法科大学院特任教授13年をめぐる教育と研究についての座談」（5頁）に取りまとめた。効果を減殺された司法制度改革について、筆者が第二東京弁護士会会長として行った「大宮法科大学院感謝の集い・挨拶（2016年2月20日）」がある（三宅弘『関弁連理事長のアーカイブズ――二弁から関弁連まで考えたこと』（私家版、2020年、233頁）。中国、韓国等、東アジアにおける司法制度改革の「大きな流れの中でもう1回新しい波が来る」、そのためには、制度改革の理論を高く掲げた「大宮のロースクールを出られた法律家、さらに法曹有資格者、法務博士の方々が今後も精進され、その波に対応できる知識と、それからもう一つ財力も蓄えていただき、ぜひ頑張っていただきたい」と述べたことがある（236頁）。早稲田大学法科大学院の卒業生を中心とする（大宮法科大学院卒業生もいる）早稲田リーガルコモンズ法律事務所や臨床法学教育学会などが、その新しい波に共鳴して、司法制度改革をさらに進める時があらためて来ることに期待したい。そのとき、もう一度、学部教育としての法学と、法曹養成教育としての法科大学院との関係を再精査することとなろうが、それまでに、さらに「リベラルアーツとしての法学」のあり方を、さらに整理、深化させておくことも必要となろう。

その意味において、前掲注2大村『人間の学としての民法学1、2』がどのように使われて教育実践がなされていくのかにも注目したい。

8　真木悠介「現代社会の存立構造」『思想』1973年5月号。

9 『思想』の論文、真木悠介「現代社会の存立構造」は、同『現代社会の存立構造』（筑摩書房、1977年）の第1論文として収録されることとなるが、1973年の東京大学教養学部の見田ゼミは、思想論文を教材として、マルクス『資本論』を、経済学者ではない社会学者が社会の存立構造として読み込むという斬新な発想にあふれていたように記憶している。見田教授の社会学は、一般人には、見田宗介『現代社会の理論』（岩波書店、1996年）、同『社会学入門——人間と社会の未来』（同、2006年）、同『現代社会はどこに向かうか——高原の見晴しを切り開くこと』（同、2018年）などでわかりやすく記されているが、その間、真木悠介の筆名で公刊された『気流の鳴る音』（筑摩書房、1977年）においては、存立構造を分析された現代社会を超えるコミューンを模索するものとして、大学卒業後も注目された。

筆者にとって、大学の教養学部でリベラルアーツを学んだ頃、社会学者折原浩教授に最も影響を受けたことは、前掲注3～注6で述べたとおりである。

その折原教授からは、自己沈潜して「単純素朴に仕事に専念することをとおして、被造物的な情念を滅却していったはてに、……創造の普遍的根源に触れる……という可能性」をみこむという境涯を教えられた（前掲折原「ウェーバーと『大学問題』」安藤外『ウェーバーの思想と学問』（90頁、本書20頁）。

他方、大学では、マルクス『資本論』をふまえて、ペンネーム真木悠介として『現代社会の存立構造』（筑摩書房、1977年）を論じる見田宗介助教授（当時）のゼミでは、マルクスを学んだ。その真木氏は、筆者の卒業後は、「人間解放の理論」を求めて、インドやメキシコをおとずれ、資本制社会を超えるコミューンを構想し、前掲『気流の鳴る音』を公刊する。見田助教授は、そのころ大学内ではゼミ生を対象に行っていた合宿において、ヨガの瞑想、日本の整体、演劇のレッスンなど人間の身体性や他者との関係性に働きかける手法を通じて『気流の鳴る音』で提唱した「われわれの自我の深部の異世界を解き放つこと」を現実に試みていたということである（2022年7月27日付『朝日新聞』夕刊「気流の鳴る音」）。そして、その本の中「交響するコミューン」の章の「色即是空と空即是色—透徹の極の転回」では、「太平洋戦争のB、C級戦犯たちが死刑判決を受け、未来への可能性をすべて失った直後、見直れたはずの光景に鮮烈な美を発見する」世界が述べられている（上記『朝日新聞』の「気流の鳴る音」における鶴見済氏の記事参照）。真木悠介こと見田宗介助教授が「まだ見ぬ自分を解き放つ」理論を求めてインド、メキシコと回り得た境地について、私はこれを郷里である福井県小浜市において、大悟徹底された青壮年期の禅僧から学んでいたということとして理解することができる。そのことを明らかにしたのが、1章注6の三宅『弁護士としての来し方とこれから福井でしたいこと』であった。

10　熊野純彦『マルクス資本論の哲学』（岩波書店、2018年）、同『マルクス資本論の思考』（せりか書房、2013年）。

11　マックス・ウェーバー（海老原＝中野訳）『理解社会学のカテゴリー』82、83頁。

12　前掲注11マックス・ウェーバー『理解社会学のカテゴリー』59頁、折原浩『マックス・ヴェーバーにとって社会学とは何か』（勁草書房、2007年、42頁）。

13　マックス・ヴェーバー（梶山力＝大塚久雄訳）『プロテスタンティズムの倫理と資本主義の精神（上）（下）』（岩波書店、1955年、1962年、（上）135頁、（下）13、187、207、219、224、233、244頁）。

14　三宅前掲注9『弁護士としての来し方とこれから福井でしたいこと』31頁。

15　カール・マルクス（城塚登＝田中吉六共訳）『経済学・哲学草稿』（岩波書店、1964年）

16　宇野弘蔵『経済原論』（岩波書店、1964年）

17　梅本克己『唯物史観と現代　第二版』（岩波書店、1974年）は、1974年当時、つとに唯物史観について、「人間の実践が展開する歴史の世界を唯物論的に把握すること」の現代的意義を論じながら（14、15頁）、「国際革命の課題にしてもっぱらロシア一国の利益擁護の問題にすりかえられ、他国の革命はすべてロシア一国の利害によって調整されることになってしまった」（184頁）として、ロシア革命の限界を見据えていた。

18　佐藤優『いま生きる「資本論」』（新潮社、2014年）は、「資本の原始的蓄積の過程においては、収奪がありました」、「1991年にソビエトが崩壊したとき、社会主義から資本主義に移行する過程でそれを見てしまったから」と述べる（217頁）。

19　斎藤幸平『人新世の「資本論」』（集英社、2020年）は、人類の経済活動が地球に与えた影響があまりに大きいため、地質学的に見て、地球は「人新世」という新たな年代に突入したとして、「経済成長が、人類の繁栄の基盤を切り崩しつつある」気候危機の時代に、マルクスの『資本論』を参照しながら、「資本主義の超克」、「民主主義の刷新」、「社会の脱炭素化」という三位一体のプロジェクトにより、「持続可能で公正な社会への跳躍」を構想する（4、356頁）。

同『ゼロからの「資本論」』（NHK出版、2023年）では、そのための『資本論』の読み直しを解説する。白井聡『武器としての「資本論」』（東洋経済新報社、2020年）も、資本制社会の中で生きる、生き延びるための『資本論』の読み方を解説する。

20　梅本克己＝佐藤昇＝丸山真男『現代日本の革新思想』（河出書房、1966年）において、丸山は、「あの『原理』という考え方、あるいは『純粋』な資本主義という考え方は、ウェーバーの『理念型』にきわめて接近している。にもかかわらず、宇野さんはほとんどウェーバーを全面的に斥けていますね。ウェーバー対マルクスというトータルな学問的対比からいえば当然なんですけれど、その『原理』と歴史的現実への方法論的関連に関する限り、宇野さんが主張していることは、まさに近代資本主義経済の再生産構造の『理念型』としか思われないんですが……」と述べる（301頁）。宇野『経済原論』、ひいてはマルクス『資本論』とマックス・ヴェーバー『プロテスタンティズムの倫理と資本主義の精神』とを対比することも含んで、柄谷前掲注2『世界史の構造』は、『資本論』を引き継ぎ、「社会構成体の歴史が経済的ベースによって決定されているということに反対ではないが、ただ、そのベースは生産様式だけではなく、むしろ交換様式にある」と考え、A互酬（贈与と返礼）、B服従と保護（略取と再分配）、C商品交換（貨幣と商品）、DAの高次元での回復とに区分し、「経済的下部構造だけでなく、それから相対的に自立した上部構造の次元を探究する」（前掲注2『力と交換様式』1頁として要約）。この交換様式の分類を基礎視座として、柄谷は、「都市国家（ギリシアなど―引用者注）は、いわば交換様式BとCの結合によって成立したのである。さらに多様の都市国家の抗争を通して領域国家（王朝国家―引用者注）が形成された。さらに、それらの抗争を経て、『帝国』（ローマ帝国など―引用者注）が形成された」として分析し（141頁）、戦争と恐慌の危機を絶えず生み出す資本主義の構造と力を明らかにし、呪力（A）、権力（B）、資本の力（C）が結合した資本＝ネーション＝国家を揚棄する「力」Dを見据えるとされる（396頁）。独創性のある普遍的見解により、マルクスとヴェーバーの関係、さらには、マルクスと他の多くの思想家の関係がわかりやすく整理されている。

21　丸山眞男「『である』ことと『する』こと」『日本の思想』（岩波書店、1961年）。京極純一教授の政治学入門（大学1年前期）や政治過程論（大学2年）で丸山『増補版　現代政治の思想と行動』（未來社、1964年）が推薦されている。同書の増補版への後記中の「大日本帝国の『実在』よりも『戦後民主主義の「虚妄」』の方に賭ける」との言説が独り歩きするが、丸山眞男の思想と行動を通じて「破壊的な戦争から再出発した日本のデモクラシーを考える」清水靖久『丸山真男と戦後民主主義』（北海道大学出版会、2019年）がある。清水九州大学教授は、同書の末尾で、丸山から学んだことを総括して、「民主主義はしばしば形だけ、名ばかりだが、歴史を見れば名を言えるのは新しいし、名を実にする不断の試みがあったと教えてくれる」と述べる（321頁）。筆者も、清水と同じ思いで、「民主主義を、確実に『実在』化していきたい」、「民主主義が『虚妄』とならないよう政府保有情報の開示を求め続ける」ことに努めてきた。三宅『情報公開法の手引き——逐条分析と立法過程』（花伝社、1999年、307頁）。2023年9月22日のUC Law SF College of the Lawにおける2023 JAPANESE LAW SYMPOSIUMにおける講演においても、この丸山の言説をふまえて、民主主義の実在に努めることで締めくくった。

3　大飯原子力発電所設置をめぐる政治意識の分析からの実務法曹をめざして
——今想うこと

数量政治学研究から塚原・堀ノートで法律実務家を目指す

私がなぜ、法律家を目指すようになったのか【3－A】。

先に述べたように、3年生次には、京極純一教授の数量政治学のゼミにおける原子力発電所をめぐる政治意識の分析で、大飯の原発の地元に行きました。関西に電力を送る送電線の根元には地役権があって、そこにはさらに所有権が設定されている。つまり、関西電力は所有権を持っているのではなく、地主の土地を借りて地役権を設定して送電線ができるというわけです。そこで、地役権って何だっけ、と。ちょっと習ったけれど全然分からなくて、「これはだめだな」と思いました。加えて、数量政治学で分析したのですが、達成感がありません。また、分析結果が出たとして、そのことによって地元にある原発の問題をどうクリアするのだろう、という話にもなりました。

そこで、ちょうどその頃、同じクラスだった司法コースの仲間——法律をずっと勉強していた人たちです——が、司法試験の勉強会をすると言うので、「ちょっと、そこに入れてよ」と。

そこにはいま二弁（第二東京弁護士会）所属で弁護士をされている塚原英治さんと、東弁（東京弁護士会）の堀浩介さんらによる、「塚原・堀ノート」というものがありました。まだ司法試験予備校のない時代でしたので、合格した人のレジュメを全部理解したら合格できると思い、そのノートのコピーをたくさん取って合格した気分になってしまいましたが、それからが大変でした。そうした勉強会ノートは出版されている問題集などが全部レジュメになって教科書の体系の中に入り込んでいて、いわば予備校本の先駆けでした。その中身を理解するのがとても大変で。それをひたすら勉強していたということです。

雨が降ったら傘をさすのは法律ではないけれど、その中の重要な部分だけは法律として抜き出ていく。これはひょっとしたら、民法をちゃんと勉強したら、何か組み立てができるのではないかと思っていました。ヴェーバーの理解社会学には難しい概念が出てくるけれど、ひょっとすれば民法をうまく勉強したら、それに代わるものができないか、と[1]。

要件事実論とヴェーバーの理解社会学

それは、いま換言すると、人、物、所有権、交換・売買・賃貸借・雇用・不法行為等の債権を、要件事実を手がかりに、道具箱としてのヴェーバーの理解社会学を活用することができないかということでした。要件事実というのは専門用語で、事実の中でも大事な事実、法律的に意味のある事実だけを整理するときのカテゴリーです[2]。そう思って、法律をもう1回勉強しようと思ったのが、その頃のことです。

しかし、なかなか解釈法学に入りきれないので、この川島武宜教授の『所有権法の理論』(注17)から、もう一度勉強し始めます【3－B】。その前にマルクスの『資本論』だけは全部読んでおこうと思って全部読み、それから『所有権法の理論』に入りました。川島さんは1949年のこの作品で博士号を取られています。

『資本論』の中の商品交換の部分で、所有権とは人と物との関係において構成される、外界の自然に対する人の支配である、とあります。また、近代的所有権は、近代化の全ての法的諸型態の端初、基礎であり、かつ全発展の起動点･起動力である、と。

ローマ法にその所有の概念があり、ローマの国はどんどん広がっていきます。ドイツなどに行くと、ゲルマンには独自の法律があります。例えば土地はみんな共有でもって､「総有」や「合有」という別の言い方をするのですが、それとローマ法は合わないわけです。それでもローマ帝国が支配していきますから、そこに所有権が入る。人が支配をしていくときに、所有権で土地を確保していく。これが収奪化し、世の中に広がっていく歴史です[3]。あるいは、アメリカ合衆国で原野に馬を走らせ、ロープで囲ったところは「あなたの土地ですよ」。これも所有権が最初に出てくる話です。こういうことで学んでいきましたが、実務家になってみると「どうも少し違うな」と感じます。

違うというのは、たとえば土地の売買のとき、契約で売買契約書をつくるところから始まります。売買契約書は人と人との関係で、「この物をあなたに売ります」という関係なので、それができると自動的に所有権も移転します。所有権を移転する契約というのではなく、売買という契約の中にその物権が入り込んでいる、これが物権行為独自性否定説と当時勉強しました。しかしこれは、「近代における債権の優越的地位」というので、所有権で収奪していく関係ではなく、お互いに売買しながら法律関係が広がっていく、そのときに債権が優越的に行使されていくという関係が出てくるのではないか[4]､それを目の当たりにするわけです。

そこで、現代社会2の序論を考えるときに、資本論の世界における商品交換から始め、「パンデクテン体系」——と、日本の民法は呼ばれていますが——とは何か。ローマ法の学説を整理した部分はディゲスタと呼ばれていて、それがドイツ語になるとパンデクテンと呼ばれているのですが[5]、これによる体系は法社会学的分析に役立つのではないか。そのようにずっと思ってきたことを、去年1年間（2021年）は授業の中で生かしてみました【3－C】。

社会科学と因果帰属——ヴェーバーとラートブルフ

マックス・ヴェーバーの因果帰属の方法——「人間が通例、所与の状況にいかに反応するか」に関する「法則的知識」に照らし、その個性的「因果」関係の「合法則性」＝「適合性」を論証する「客観的可能性判断」——は、ヴェーバーの意図せざる随伴結果ではないかと、折原先生の『マックス・ヴェーバーにとって社会学とは何か』（2章注12）を読みながら考えていました【3－D】。

その後、最近読んだ佐藤俊樹さん——50代で少し若手の方です——の『社会科学と因果分析——ウェーバーの方法論から知の現在へ』においては、ヴェーバーの客観的可能性のカテゴリーについてはラートブルフの著作が重要である、と[6]。これはまさに、『理解社会学のカテゴリー』の冒頭に、そういうことが出てきます[7]。ラートブルフというのは、冒頭で示した、私が法学入門で最初に読んだものですが、この方の著作が重要であるとありました。当時ヴェーバーが1910年代の頃に書いています。

そのとき若きラートブルフはドクター論文で、この因果関係のことについて書いています。ヴェーバーは、それをいち早く読み、それを尊重する因果帰属の理論を考えるべきではないかと指摘していました。法学の分野では相当因果関係説を学びますが、そこもひょっとするとヴェーバーが言っていたことと、ラートブルフが言っていたことが何か関連しているのではないかと前から思っていましたが、佐藤さんの本を読みながら、そこがつながっているのだということが見えてきました。大学2年のときに読んだ『理解社会学のカテゴリー』、それから3年になり、政治学も達成感がないから法律に転じようと思い、民法を真面目に勉強しないといけないと考えたことが、ようやく最近になりつながってきたということです。

また、最近になり、ラートブルフ著作集（東京大学出版会）を古本屋で安く買いました。当時は買えなかったのですが、今回はとても安く買えたので全部読んでみました【3－F】。

書かれていたのは、法哲学による相対主義です。絶対的な意味を持つ、正しい法に関する全ての断定は、一定の社会状態、一定の価値秩序を前提として初めて妥当するということですが、そういうことをはっきりさせたのがマックス・ヴェーバーだと書いてあります[8]。

また、最も重要な社会学的法理論は、カール・マルクスとフリードリヒ・エンゲルスが書いた唯物史観とした上で、マックス・ヴェーバーの著名な論文『プロテスタンティズムの倫理と資本主義の精神』の中で、理念的なものの経済に対する逆作用の一例[9]。これは先ほど言ったカルヴィニズムの人が、自分が救われるかどうかということでお金をため込んでいく。そのことが意図せざる随伴結果として資本論の発展につながる、資本主義の発展につながる。この理念的なものが経済に対する逆作用として働いている。こういうところに出くわしたわけです。予感していたとおり、ラートブルフはヴェーバーの社会科学の方法を正しく理解していました。

事物の本性と因果関連と要件事実

マックス・ヴェーバーを勉強していて、民法とどう関連するのかと思っていたところに、間にラートブルフを介在させ、やっとそこが分かってきたということです。それから冒頭で法学入門についてお話ししましたが、そのときに、ちっとも分からなかった「事物の本性」についても、ラートブルフにはかなり詳しく書いてあります。

ある事物の法律的意味とはすなわち、ある特定の見地の下に生活関係の全体から特定の徴表を選択することである。全体の中から徴表を選択する。先ほど私は「ザルで事実をすくう」と言いましたが、法律的様式もまた、非本質的なものを正しく捨て去ることである。ザルで水をすくうときにちゃんとしたザルだったら、ちゃんとした要件の事実がすくわれ、そこをどう救済するかという実務家の発想につながってくるわけです。これはマックス・ヴェーバーの方法論的装置の助けを借りていうならば、および理念型などの概念により、個々の規範から出立し、その意味を理念的に関わらせながら解明するならば、法制度の理念型へと上昇するということでしょう。

したがって事物の本性というのは、ひとえに生活関係の性質そのものからくみ取られるべき客観的な意味[10]、つまりこの依頼者を救うか、どこまで救うのかというところにあるのです。

依頼者の法律相談で、「この人は変なことをしているけれど、やはりこの人を救わなければいけないのではないか」ということがありますが、これはわれわれが法律家として依頼者と関わる場面です。そのときに依頼者の本性を見るわけです。それは厳密に合理的な方法の所産であり、見て「顔がいいから、この人、救おう」という直感ではありません。一つ一つの事実を聞き、その因果の連関をつなぎ合わせながら、法律の要件をもってすくい上げ、そこで、その人をこの程度救わなければいけない。和解で7割勝たせたら、この事案の落としどころはいいかな、などと思うのです。これはまさにこの事物の本性に関わってくるのではないか。50年経って『法学入門』をさっと読んだときに、事物の本性について私はそう理解をしました。

50年前はちっとも分からなかった話ですが、この1年勉強させていただき、このあたりが、自分の実務家の仕事と法哲学のあり方のようなものとして、少し分かってきたことです。

日本語練習――「は」と「が」の違い、メモの魔力、法的三段論法

2021年秋の現代社会2の授業は、資料【3－G】のように組み立てました。

最初に、論述の基本的ルール。たとえば、「は」と「が」の違い。「何々は」というと何々の主語のほうに力点が置かれるけれど、「何々が何々である」というと述語のほうに力点が置かれる。この「は」と「が」の違いをちゃんとしなさい、主語の後ろには必ず点をつけなさいと言いました。これを勉強させてもらうのは、大野晋『日本語練習帳』(岩波書店、1999年)という岩波新書です。

続いて、ノートは見開きで使え。昔、京極純一教授の政治学の授業で、最初に板書の取り方を教わりました。今の学生は授業でノートを取りません。授業が終わった後で、「写真を撮っていいですか」と聞いてきて、板書をカシャッと撮って終わりです。「もう時代は変わったな」と思います。1人、2人ですが、ちゃんとメモを取れる学生もいますが。前田裕二さんの『メモの魔力』（幻冬舎、2018年）にはまさにこれが書いてあるのですが、「メモを整理しながら考えることは大事なことだよ」と伝えました。そういう楽しいひと時を過ごさせていただきました。

それから、法的な三段論法。これは法律学としての一つの基本です。そういうことを教えながら、まず民法全体の構成を説明しました。パンデクテン方式による民法の大系に、人は人生を収斂すること、まとめることができます。やはり人から始まるということは大事なところです。

マルクスは、人間はほかの動物と違い、類的な存在だと言いました【3－H】。では、類的な存在とは何なのか。単に生物的に生きているだけではなく、自分が接するものに名前を与えて概念を形成し、自由に働きかける。諸対象にその類にふさわしい形態を与えることができる。それが、類的存在としての人間で、動物と違うところだということです。これは、折原さんによる公開自主講座「人間社会論」[11]の録音テープを聞きながら学び直した時、私にとって一番分かりやすかった概念でした。

ラートブルフは、権利は人の概念を前提とする。何ぴとかを人とするというのは、この者を自己目的と認めるという意味である。人格は自己目的であり、全法秩序はこれに仕えるがために設定されている。人格という法的特性は、法による権利能力を承認して人間に与えられる。そうでなく奴隷制度がある限り……奴隷は人ではない。ゆえにこの意味で、人間も自然人ではなく法人である、としています【3－H】[12]。ここに、人から始める法律学の、民法の体系の一番最初があり、恐らくここは人格権論が展開される、まさに基礎ではないかと思ったりしたところです。

それから、法人、物、法律行為という総則があります【3－I】。先ほど言った所有権が出てきますが、ポイントは交換です。所有権の前の契約のところで、贈与と売買から始まっていますが、これもやはり交換です。共同体の中に生きている人たちは共同体の中だけで暮らしますが、共同体と共同体を越え、ないものをお互いに交換する。そこに商品経済が発展する、一つのきっかけがあります。

x量の商品Aを、y量の商品Bに替える。それがさまざまな交換に変わっていく。無限に存在する商品、使用価値が連なっていく。そのさまざまな商品を一つに、統一的に表現するものとして、『資本論』では「20エレのリンネル」が用いられます。この「20エレのリンネル」という一つの重要な商品が、お金に換わります。金。ここで、何でも金だったら換えられるようになるわけです。かくて貨幣が商品になる。一般的価値形態は貨幣形態へと転化し、かくて金は価値の一般的尺度となり、この機能により初めて金という一般的商品は貨幣となります【3－J】。

私は、交換というのはとても大事な概念ですよと、大学3年生のときに社会思想史で城塚教授に学びました。『経済学・哲学草稿』の第三草稿には、人を人として、また世界に対する人間の関係を、人間的な関係として前提として見給え。そうすると君は愛を、ただ愛とだけ、信頼を、ただ信頼とだけ、その他同様に交換できるのだ[13]、とあります。

このような人間の関わりの中から交換概念が出てきたわけですが、民法における交換なんて今の法律家にはほとんど役に立ちません。今の法律家にとっての交換とは、税金がなくなるように借地権と底地を、あるいは底地は貸している人の地主さんが、自分の持っている権利と借りている人の権利を交換するといった等価交換のように、税金がかからないようにする特別措置の適用の手法においてぐらいしか出てきません。しかし本来、民法の中には、まさに交換から始まっているところが入っているのではないかと考えました。

それから不法行為の条文には、「故意または過失によって他人の権利又は法律上保護される利益を侵害した者はこれによって生じた損害を賠償する責任を負う」（民法709条）とあります【3－K】。この条文だけで、さまざまな不法行為の理論が構築されていくわけですが、人が目的に沿った合理的行為を行おうとして、誤って意図せざる随伴結果をもたらし、他人の権利・利益を侵害すると、その行為と結果に因果帰属する損害を賠償しなければなりません。

われわれはこれを相当因果関係論として学ぶのですが、この因果関係の帰属が、先ほど言った『プロテスタンティズムの倫理と資本主義の精神』の中の、意図せざる随伴結果として一つ一つ事実を突き止めるところのものとの親和性があるように思いながら、実務の仕事していました。『社会科学と因果分析』で紹介した佐藤さんが、ラートブルフを介してヴェーバーが言った因果帰属の論理と、民法学においてわれわれが実務で働かせているところが結び付いた[14]。ここでやっと、最近は少し自信を持って言えるようになりました。

注

1　三宅『弁護士としての来し方とこれから福井でしたいこと』31頁。
2　伊藤滋夫『要件事実の基礎――裁判官による法的判断の構造』(有斐閣、2000年)など。
3　柄谷前掲2章注1『力と交換様式』は、ギリシアが統一国家を形成できずに終わったのに対して、ローマは「帝国」となった。さらに、「古典古代」の特性は､主としてゲルマン社会に受け継がれたと解説する(202頁)。
4　我妻栄『近代における債権の優越的地位』(有斐閣、1953年)
5　大村敦志『新基本民法2　総則編』(有斐閣、2019年、18頁)。なお、G.W.F.ヘーゲル(長谷川宏訳)『法哲学講義』(作品社、2000年)も、財産、所有、物の使用、契約、不法、道徳、家族、市民社会、国家という流れで講義がなされている。こうしたヘーゲルの法哲学の世界から民法、商法、憲法などという実定法を眺めてみることも、パンデクテン方式の法体系と親しむものであろう。
6　佐藤俊樹『社会科学と因果関係――ウェーバーの方法論から知の現在へ』(岩波書店、2019年、115、133頁)。
7　ヴェーバー前掲2章注11、6頁。
8　グスタフ・ラートブルフ『ラートブルフ著作集第4巻　実定法と自然法』(東京大学出版会、1961年、4頁)。
9　前掲注8『ラートブルフ著作集第3巻　法学入門』(1972年､33頁)。
10　前掲注8『ラートブルフ著作集第6巻　イギリス法の精神』(1967年、92、93頁)。
11　折原浩『デュルケームとヴェーバー(上)(下)」(三一書房､1981年)は、公開自主講座2年目の講義等を取りまとめたものとされ、同書「あとがき」注4に当時の資料「公開自主講座『人間―社会論』解説の趣旨」(1977年4月)等が明記されている(285頁)。私は、折原教授に了解を得て、『折原浩「人間―社会論」を学ぶ』とする資料集を作成する予定である。

12　前掲2章注15マルクス『経済学・哲学草稿』186頁。

13　前掲2章注20柄谷『力と交換様式』も、「商品交換は、共同体の終るところに、すなわち、共同体が他の共同体または他の共同体の成員と接触する点に始まる」という『資本論』を引用し、「だからこそ、そのような交換は、人々のたんなる同意や約束ではない、強制的な"力"を必要としたのである」、「資本制社会における生産関係は、交換様式Cにもとづいて形成される。すなわち、それは、労働力を商品として売る労働者と、それを貨幣で買う資本家の合意に基づく関係である」とされる(22、23頁)。

14　前掲注6佐藤『社会科学と因果関係』において、確立的因果論を「原因候補をC、結果をEとすると、P(E－C)＞P(E－¬C)(＝Cが成立するという条件の下でEが成立する確率が、Cが成立しないという条件の下でEが成立する確率より大きい場合)、CとEは適合的因果関係にある」と解し、「確立的因果論はV・クリースによって提唱されたものであり、19世紀終わりからラートブルフらによって法学に、そして20世紀初めにウェーバーによって社会学と歴史学に、それぞれ方法論として導入された」と正解した説明をする(116頁)。

4　法学教育
――リベラルアーツと「18歳成人のための法学入門」

「18歳成人のための法学入門」――リベラルアーツとしての法学をもう一歩進めて

リベラルアーツの科目ということで、「18歳成人のための法学入門」という授業を組み立てました【4－A】。

まずは、大学入試と入学手続にかかる法律問題から。大学に入る前、自分たちのセンター試験の成績を教えてもらう制度があります。これは、獨協大学法科大学院を創設した時に、子どもをとりまく問題から法律問題を仕分けるために設立したNPO法人獨協地域と子どもリーガルサービスセンターと子どもリーガルサービスセンターの初期の事務局長をやっていた三木由希子さん――いま情報公開クリアリングハウスの理事長をやっています――その三木さんが、大学1年生のとき、横浜市の条例に基づいて「大学の試験答案を全部開示せよ」という本人情報開示請求の裁判をやったことに端を発します。われわれも代理人としてやりました（横浜地方裁判所平成11年3月8日判決『判例タイムズ』（以下『判タ』）1026号135頁）。この裁判がきっかけとなり、大学に入る時にみんな大学入試センターと各大学の各試験における成績が分かるようになったのですよ、というところから授業を始めるわけです。

次に、賃貸借契約について。大学に通うために住むアパートを借りる際、契約書にサインします。「皆さん、契約内容について分かっていますか」、と。民法などあるけれど、契約書に書いてあることのほうが優先するのですよという契約自由の原則を、まず教えます。書かれていない部分についての契約条項の効果を解釈するところで、初めて民法を補助的に使うのですよ。物を買う時に友達からパソコンを20万円で買うと言ったら、これを講学上は「現実売買」といいますが、契約もないけれど成立する、これが売買ですよ、と（民法555条）。

一方、クレジットカードで物を買うときには、売買で物を買ったときに立替払いをしてくれる人がいて、その立替払いをするために業者さんが加盟店契約をしている。そういう３種の構造になっています。クレジットカード契約にサインすると、あなたは個人情報を全部取られてしまいますという話を、「物品の売買契約とクレジット契約」の回ではします。消費者保護に関わるところです。

次の回が、アルバイトについて。私の息子が大学時代、スーパーでアルバイトして働いたときに、残業をたくさんさせられたけれど、お金増えていない、「お父さん、これどうなの」ということがありました。そこで、雇用の意味について教えました。労働力も商品で、あなたは労働時間を与え、その賃金をもらっている関係だけれど、それが正確に把握されていないのだよという話から始めて、アルバイトをするときはこんなものですよ、と。「現代社会と法」の教養科目の授業に出ている学生の３分の２ぐらいがアルバイトをしています。大学生活におけるアルバイトは、非常に重要な意味があると思ったりしたところです。

それから、大学の自治。単位の認定と卒業認定にどのような意味があるか分かりますか、というようなこと。あるいは、表現の自由とネット炎上について、スマホで「いいね！」やリツイートをすると、表現の自由の一翼を担い、ある人に社会的評価を低下させるようなことすると名誉毀損で訴えられたりするのですよ、ということ。だから「いいね！」やリツイートにも意味があるのですよといったことを教えました。

また、職業選択の自由、営業の自由について。大学内にある、就職活動のサポートをしてくれるセンターのところで「労働契約の意味を学んでいますか」と聞くと、「誰もそんなことを教えてくれません」と。そこで、労働契約とはどういうものかということをまず教えました。それから、企業を起こすことについて。ベンチャー企業を起こすのは営業の自由だけれど、そこで権利、思想・感情の創作的表現を保護するために、著作権などをどう保護するのかということ。あるいは、正規採用の就職活動をするのと非正規雇用とはどう違うのかということ。

最後に、生まれてから死ぬまでに関係する家族法についてや、雨が降ると傘をさすのは法の履行かといったことを考え、最終回が法的保護にかかわる国のあり方について[1]。立憲主義、三権分立、基本的人権の尊重、情報は民主主義の通貨、情報法制の研究において、私はこういうことやってきましたという話は、ここに盛り込みました[2]。

もう時間がきたのでこの辺りで次に進みますが、獨協のロースクールでどういうことを教えたのかについては、『法科大学院』（花伝社、2016年）という本にまとめました。まとめた動機について一言。内田貴東大名誉教授による『法学の誕生』（ちくま書房、2018年）の中で、東大法学部ができる時に、獨逸学協会学校――獨協の前身に当たるところ――から学者が随分行っていると書かれています[3]。しかし、当時の記録は獨協大学には残っていないとのことで、獨協大学の法科大学院で勉強させていただいた者として、自分のやったことぐらいまとめておこうと思ったというのが、『法科大学院』出版の経緯でした。

また、法科大学院の教員となるにあたり、なぜ獨協大学を選んだのかということについては、初代学長の天野貞祐さんが建立された石碑を探しあてたという経験があります【4－B】。石碑は石川県金沢市郊外の卯辰山中腹の洗心庵跡、くねくねした山道の外れの草むらにあったのですが、それを探しに行きました[4]。そこは西田幾多郎と鈴木大拙が学生のときに、禅僧雪門玄松和尚から坐禅を学んだ場所で、それが西田哲学とか鈴木大拙の禅学につながっています[5]。ここ獨協大学のテーゼは、大学は学問を通じての人間形成の場であるというものです。天野貞祐さんにご縁があるのだったら、ここで奉職させていただこう。そう思ってここで勉強させていただいたというところです。

1学年50人規模の少人数教育という構想は非常に充実したものであり、また、越谷という場所柄、東京から少し外れていて客観的にものを見ることができました。距離を少しとって見るというのは、「マージナル・マン」理論といって、『危機における人間と学問』（未来社、1969年）という折原浩教授の書物の中で展開されているものです[6]。これは外側にいると中が見えるというもので、獨協大学で勉強することはとても意味があると思っています。

資料【4－B】の最後の太字のところ、ここが今日の話のエッセンスです。マルクスが見た資本主義の社会の中で、ヴェーバーがいう個々人から考えていく。そのときに依頼者の種々の事実のうちから、民事上は要件事実――ザルで事実をすくうときのザルと思ってください――、刑事上は構成要件該当事実をそれぞれ事実として摘示し、請求原因ないし構成要件を組み立てる。

直観によって同感した上で、分析に入り組み立てる。主張立証事実を法廷に提示する弁護士の「筋と位取り」[7]は、このような「自覚における直感と反省」によって営まれているわけです。

われわれ弁護士の実務の感覚ですが、これは社会科学の基礎理論に位置付けられていることを、ヴェーバー、マルクスとラートブルフを通じて民法を学んだ私の、実務家としての経験と、ようやく結び付けることができました。私も折原浩先生に学んだヴェーバーを、ようやく少し、自分なりに消化して語ることができるようになりました。社会科学を学んで53年というところの歴史です。

注

1　前掲2章注2柄谷『世界史の構造』は、商品交換から国家のあり方を説く。「国家の法を強いる力も、一種の交換に根ざしている。そのことを最初に見出したのがホッブスである。彼は、国家の発展に『恐怖に強要された契約』を見た。それによって『一方は生命を得、他方は金または労働を得るという契約』である。このことは、国家の権力が、暴力的強制だけでなく、むしろ、それに対する（自発的な）同意によって成り立つことを意味している」と関係付ける（21頁）。

2　情報法制の研究をふまえて、「より縦深的には、グローバル化する経済法則に依拠する法律学（一物一権主義に基づく所有権法の理論から一情報多元保有の情報法学への展開など）、政治学（国民国家の枠を超えた経済発展と情報流通に対する『市民政府』による統治など）等の発展段階を憲法政策論として構想」することを論じたが（三宅・「最終講義の案内」注2『知る権利と情報公開の憲法政策論』371頁）、柄谷が商品交換から国家のあり方を説くことをふまえた法律学を構想することができるのではないかと考えている。

3　本文引用の内田『法学の誕生』64頁で独逸学協会の設立について論じている。独逸学協会学校初代学長が西周。そこでドイツの法律や政治を学ぶための専修科が、当時のいわゆる「九大法律学校」の一つとされた。その後、経営が行きづまり、1895年には教授陣や教育課程がそのまま帝国大学独法科へ移管され、廃止された。

4　本文引用の三宅『法科大学院――実務教育と債権法改正・情報法制の研究』「はじめに」と39頁で天野禎祐・獨協大学初代学長の筆による石碑についてふれた。

5　水上勉『破蛙』（岩波書店、1988年）、同時代ライブラリー版（1990年、8頁）に、西田幾多郎が卯辰山の洗心庵に雪門玄松禅師を訪ね、坐禅を教わったことが記されている。鈴木大拙は、18歳の時、富山県高岡市の国泰寺管長時代の雪門玄松禅師を訪ねたとされる（7頁）。

6　本文引用中の折原『危機における人間と学問　マージナル・マンの理論とウェーバー像の変貌』38、277頁。

7　「筋と位取り」については、前掲注4『法科大学院』37頁。同書第1章「米国アーカンソー州にて法科大学院を想う」については、日弁連『自由と正義』2003年10月号「米国アーカンソー州にて想う」に初出。

5　法制研究—日本の情報公開法制における知る権利の生成・展開と課題——法科大学院での教育をふまえた実務家教員の研究として

日本の情報公開法制と博士論文

レペタ氏に揮毫書を謹呈

法科大学院では憲法、行政法、民法、民事訴訟法を学び直して、情報公開については、研究論文をまとめることもできました（論文審査の主査曽我部真裕京都大学教授、副査土井真一京都大学教授、副査毛利透京都大学教授）【5－A】。私の研究論文は、京都大学の図書館の博士論文というところをクリックしてもらうと今や900人くらいに（2022年3月26日現在）ダウンロードされ、皆さんに読んでいただいています。

後は簡潔に話しますが、写真右側のひげモジャのおじさんが、法廷メモ訴訟の原告として有名なローレンス・レペタさんです。まだご健在です。「知る権利」という揮毫を、レペタさんにあげたときの記念写真です。彼とはずっと交流をしています。

日本における知る権利の生成過程

情報公開条例が次々とでき始めた後、1999年に情報公開法ができます【5－B】。われわれは「知る権利」の保障を明記しろ、条文の１条に入れるべきと要求したのですが、この「知る権利」には「知る自由」と政府情報の「開示請求権」の、二つの意味があります。知りたいのを妨げられない権利ということです。

私と写っていると紹介した、ひげもじゃのおじさんこと、ローレンス・レペタさんは、若い頃、東京地方裁判所で、刑事裁判で出てきた相対取引の株の数字のメモをとり始めたところ、「メモをとるな」と言われました。「アメリカの裁判だったらメモをとれるのに、なぜ日本の裁判ではとれないのだ」ということで、その事件が終わった後、国家賠償請求訴訟をやります。ちょうどその頃にまだ生きておられた奥平康弘先生という憲法学者（東京大学名誉教授）は、当時、「元始、人間にはメモをとる自由があった」と話されました。この、メモをとることを妨げられない権利が「知る自由」です。

一方、森友学園問題、桜を見る会の問題などでお分かりになると思いますが、私たちは政府が持っている情報の情報公開請求をし、政府に開示させることができます。そして、請求に対し政府の開示義務がある。請求と義務の関係。これが政府情報開示請求。

この二つの知る権利は、それぞれ意味が違います。メモをとるにあたっては、「とらせてくれ」と言わなければならないわけではなく、本来は自由にとるのが原則です。一方、役所のどこに情報があるのか分からないけど、それを請求し、役人が調べて出してくれるというのが、開示請求と開示義務です。「知る権利」の中にはこの二重の意味があって曖昧になるからという理由で、情報公開法の目的規定（1条）に「知る権利」という言葉は入っていませんが、先ほどご紹介したレペタ事件最高裁判決では「各人が自由にさまざまな意見、知識、情報に接し、これを摂取する自由」ということで、「知る権利」の自由権的側面（知る自由）に着目してくれました。

この最高裁判決は平成元年でしたから、今では判決から30年あまり経ってレペタさんも年を取り、ひげもじゃになったので、「知る権利」を私が揮毫して、その掛軸をアメリカに持って帰ってもらいました。そのときの記念写真です。憲法を学んでいる若い学生の方は皆さん、「レペタさんて、まだ生きているのですか」と聞かれるので、「いや、まだ生きているよ」と、そういう話をしたこともあります。

情報公開法ができる前、情報公開条例が最初にできたのは、1982年3月の「金山町公文書公開条例」でした。山形県金山町の町長が、友人だった朝日新聞の田岡俊次記者から「これを最初につくったら歴史に残るぞ」と言われ、「では、俺がつくる」と言って、金山町で初めてできたものです。都道府県レベルでは「神奈川県の機関の公文書の公開に関する条例」で、公文書閲覧及び公文書写し交付請求権が出ています。

その後、私は情報公開条例ができると同時に神奈川、埼玉、東京などで、情報非公開処分取消裁判を20件近くやっています。資料【5-B】末尾に「〔参考〕三宅が1984年から1995年まで実際に関与した情報公開条例にかかる主な裁判例は、次のとおりである」として15件ぐらい挙げていますが、こうした裁判をやりながら、問題がどこにあるかということを詰めていき、法律に至る、そのようにやっていきました。

情報公開法・条例の解釈の基本原理＝長谷部教授の言説

法律ができた際に一番大事になったところは、今見ていただいた資料【5－B】末尾の「参考」の少し前、ずっと東大の先生で、今は早稲田大学の先生である長谷部恭男教授による言説でした。すなわち、法律ができたら憲法学者はそれでおしまいなのかというと、そうではないということです。

具体的な法令が定められるまでは「知る権利を制度化しろ」「情報公開条例をつくれ」「知る権利の実現」と言ってきました。若い頃はそれを情報公開条例裁判でやってきたわけですが、法律ができた後はどうすべきか、というと、「いったん情報公開法をはじめとする具体的法令が定められれば、①憲法上の要請はその法令の解釈において考慮されるべきであるし、②立法化された権利のうち中核的な部分が立法府や行政府によって適切な理由もなく縮減された場合に、それが憲法に違反すると判断される余地は十分にある」というわけです。だから、「知る権利」を高らかに謳い、実際に公開請求して非公開になり、状況があまりにひどい時は「これは憲法違反ではないか」と言う。それを役所の方々に自覚してもらう。憲法をつくり、それからその法律がどんな意味を持っているのかを問い続ける。そうしたことが必要なわけで、長谷部教授はその意味で、「知る権利」を言い続けることはとても大事な意味があると言っていらっしゃるわけです。

情報公開法改正の課題・裁判所でのインカメラ審理手続の制度化

いま立法の課題として、裁判所で「情報公開請求をしている対象情報の現物」が見られないという問題があります。これはまだ立法運動の課題として残されています。実は、民主党政権になった時に、行政刷新担当大臣の仙谷由人衆議院議員（当時）が「行政刷新として何をしたら効果的か」とおっしゃるものですから、私は「情報公開法の改正がいいですよ」と言いました。しかし、裁判所で「情報公開請求をしている対象情報の現物を見る」というインカメラ審理手続が、なぜこれに入らなかったのかというと、裁判官だけが見る手続なんてつくったら、例えばスパイ防止法や秘密保護法に連なる問題があると言われたからでした。

中国の裁判を見てもらうと分かると思います。何をやっているか分からないけど日本人が逮捕され拘留され、さらにどこにいるか分からない。これでは秘密裁判になってしまうから、そうした裁判官だけが見る手続はやめておいたほうがいいというので、最初の情報公開法の立法時には裁判所でのインカメラ審理手続は法律に入らなかった。

しかし、裁判官が現物を見ないと、どんなものが公開されるのか不安になるから、裁判所で情報非公開が審理されると、非公開処分取消といういい判決がなかなか出ないという問題があるので、国の立法の課題としてこうした問題が残っているわけです。

そういうことも幾つかありますが、「知る権利」は、いま私が話したように、だいたい40年の歴史があります【5－C】。

立法まで20年やり、立法からまた20年やってきた。その歴史の中で「知る権利」が謳われてきたわけですが、最近は「知る権利」という言葉が法律の中に入りました。では、これを喜んでいいのかというと、「知る権利」という言葉が入った法律こそ、特定秘密保護法22条1項でした。秘密をたくさん抱える法律の中で、「国民の知る権利の保障に資する報道又は取材の自由に十分配慮しなければならない」とされている。みんなが反対運動をするからしょうがない、リップサービスで入れようかというような感じで入ったのですが、とにもかくにも法律の条文に「知る権利」が入るところまでは来ているので、これからは権利としてどのように生成・展開していくかが重要だということです。

公文書管理法の制定にかかわり公文書管理委員会委員を務める

情報公開法は1999年にできましたが、公文書管理については、まだそのときは法律ができませんでした。それで情報公開立法運動を一生懸命やっていたら、小泉政権で福田官房長官になった時に「公文書管理についての懇談会をつくるから、お前、入れ」と言われ、まあ、積み残しの課題だからやってみようかということで入りました。福田官房長官の後の安倍官房長官もその懇談会にサッと来られました。福田さんは会議が終わるまでいらっしゃったけど、安倍さんはどうだったでしょうか。いずれにしてもそうした経緯で、公文書管理法の制定が話題になったわけです[1]。

公文書管理法は福田総理大臣のときに立案作業に入りましたが、その後、森友問題などが出てきたので、私はまた公文書管理委員会の委員をさせられ、公文書管理規則等の細かい規定を直していきました。

実は私、新宿御苑の桜を見る会に過去5回も行っていますが、首相枠ではありません。公文書管理委員会の特定歴史公文書等不服審査分科会会長の枠というので、担当の職員が「先生、枠を取ってきましたからぜひ行ってください」と言われるので、毎年行っていました。開宴は8時半から10時半なのですが、8時半に行っても食べるものがほとんどないのです。「何でなの」と思っていましたが、桜を見る会のことが話題になった後で分かったこととして、なんと安倍さんの後援会の人たちは7時半から来ている、と。「そうか。7時半からの人がいたら8時半にはなくなるな」というのを、経験しました。

その桜を見る会のことでデジタル情報としても公文書管理規則をきっちりつくろうという話にはなっていくわけですが、私は公文書管理委員会委員長代理という役職だったので、いろいろな問題がある中で、できる限り公文書管理規則にしなければいけないという改正を実に細かくやっていました。

その中で最初に話題になったのは、2015年の頃、集団的自衛権の行使容認の閣議決定でした。実は、この閣議決定を決めた後の「想定問答資料」について朝日新聞の記者が請求したところ「不存在」と返されたということがありました。「出ないのですよ」と電話がかかってきたので、「いや、頑張って不服申立てをしたほうがいいですよ」と言って、申し立ててもらいました。

行政文書の該当性は、「行政機関の職員が職務上作成し、又は取得した文書であって、当該行政機関の職員が組織的に用いるものとして、当該行政機関が保有しているもの」とあります。

これはだいたい紙のものを想定するのですが、紙のものはすぐ廃棄してしまいます。この「想定問答資料」は法制局次長まで上がったのですが、局長が「こんなものを残さないほうがいい」というので捨てた。しかし電子データで残っていることを新聞記者は知っていた、ということでした。その結果、「不存在」との返答であったと聞いたので、「いや、電子データは当然に開示の対象になる。これは争ったほうがいいですよ」と言って争ったら、情報公開審査会が「電子データをちゃんと出しなさい」と言ったわけです。内閣法制局まで解釈、運用を間違っていたところを、情報公開・個人情報保護審査会で正したということです【5－C〈2〉(2) ①】。

次の「陸自 PKO 派遣部隊の日報」【5－C〈2〉(2) ②】は、南スーダンに派遣していた陸上自衛隊の日報です。今日は何をしたという、紙にプリントアウトした 70 ～ 80 ページのものが毎日、南スーダンから電子送信されてくるのですが、自衛隊の中ではこれを公文書という扱いにしませんでした。なぜかというと、送られてきた日報は報告書に取りまとめていて、日報自体は報告書に対する素材だから、報告書ができた段階で捨ててしまうという取扱いをしていたわけです。しかし、鳴り物入りで始まった PKO 派遣の重要な事実となる日報が公文書でないのもおかしいだろうという話になり、ジャーナリストの布施祐仁さんが問題提起をしてくれたわけです。

その頃、自民党の中にも行政改革推進本部があり、本部長の河野太郎さんも「それはおかしいよ」と言って運用が改善されていました。稲田朋美さんが防衛大臣のときでした。最後は責任をとってお辞めになりましたが、これは実は、最後に彼女が「ちゃんとやらなければいけない」と言ってやっていた業績にあたるものです。

次は森友の問題で【5－C〈2〉（2）③】、2016年6月の交渉記録です。約9億3000万円から約8億円値引きして約1億3000万円になるという交渉ですが、「契約がまとまったら、交渉記録は軽微な文書だから廃棄した」というのが佐川さんの国会答弁でした。しかし、普通は堆積されたゴミがあって何かトラブルになるかもしれないようなものは、われわれ法律家からすれば、当然交渉記録を残しておいて万一のために備えるものじゃないですか。その頃、テレビで見ていて直感的にこれはおかしいと思いました。そこを問い詰めていき、保存期間1年未満に分類される内容軽微の文書だといってもちゃんと残さなければならないものがあるのではないかという話になりました。

同じように出てきたのが加計学園の獣医学部の新設に関する、「総理のご意向」と書かれた文科省の内部文書でした【5－C〈2〉（2）④】。これは文科省から内閣官房に派遣されていた人が、国家戦略特区の枠の中で、内閣で決められるという手続きを逐一、文科省に報告をしていた文書です。「総理のご意向はこうですよ」というものだったのですが、最初、菅義偉官房長官は「これは怪文書だ」と言っていた。

しかし、文科省のパソコンのデータを調べ尽くすと見つかったわけで、紙のものを「怪文書」と言ったところで、電子データが残っている。やはり電子データをちゃんと保存しなければならないのではないかというのが話題になるわけです。この、公文書管理は電子データで残さなければならないということを突き詰めていき、そこからまた転じて「デジタル社会においては、全部電子データで残すのだから」というような、デジタル社会形成基本法の話になっていくのですが、こういう流れの中で公文書をちゃんと残さなければいけないという話が出てきたのでした。

公文書の作成・保存義務と行政文書管理ガイドライン

公文書管理委員会は月に1回ぐらいありますが、私一人がぺらぺら喋るわけにはいきません。私の役回りは、委員みんなが一通り喋るのをじっと聞いて、それらを取りまとめて整理し、「ここまでの意見はこうで、こうしなければいけない」と、最後の結論を言うことでした。

前述の森友・加計学園問題での議論を経ての公文書管理委員会においては、今取り組むべきは「行政文書管理ガイドライン」の改正であるという話にして、政府のすべての府省庁のガイドラインを一律変える作業をすることになったわけです【5－C〈2〉(2) ⑤⑥】。

それでどのように直ったのかというと、【5－C〈2〉(2) ⑦】のところです。これはとても大事で、どこの府省庁、地方自治体でもやらなければいけないことです。

「意思決定過程や事務及び事業の実績の合理的な跡付けや検証に必要となる行政文書については、原則として1年以上の保存期間を定めるものとする」。意思決定過程や事務または事業の実績の合理的な跡付けや検証に必要となる行政文書をちゃんとつくらなければいけないという規定が、公文書管理法の4条にあります。これは元々、結論だけちゃんと残せばいいという条文になっていたのですが、2008年――民主党がまだ野党の時点ですが――に野党が取りまとめて、公文書管理法の修正提案を出したわけです。

福田康夫前総理大臣が一生懸命で、「野党の修正提案を全部持ってこい」と言うので、「合理的な跡付けや検証ができるようにという条文を入れよう」として、修正提案を持って行きました。当時の国会の審議を見ると、その修正提案の趣旨説明をしているのは枝野幸男さんでした。そして、法案ができた時の総理大臣は麻生太郎さんです。そうした微妙な関係の中で、いい立法ができました。私も衆議院内閣委員会で参考人として改正案提言の意見陳述をしています[2]。

ここでは、公文書管理法の4条を生かすために、「原則として1年以上の保存期間を定める」としているわけです。ただ、政府はその後で例外を設けます。それが、「①別途、正本・原本が管理されている行政文書の写し、②定型的・日常的な業務連絡、日程表等～」という箇所です。つまり、大臣の行動歴などは1日ごとに捨てるというわけです。このような濫用的運用は防ぎ切れませんでした。しかし、情報公開クリアリングハウスの三木由希子理事長は「それなら毎日請求する」と言って、みんなのカンパをいただきながら今もずっと請求し続けています。こうした行動は逃げ道になると思います。

それから、「⑦保存期間表において、保存期間を1年未満と設定することが適当なものとして、業務単位で具体的に定められた文書」。桜を見る会の総理大臣の「招待者名簿」は②と⑦をうまく付けて「処分した」という理屈になっていますが、実は電子データが保存されていました。われわれがガイドラインをつくった時の担当の役人の方が、「ちゃんと残しておかなければいけない」と言って、電子データで保存することをやってくれていたのです。小さな抵抗ですね。

しかし、バックアップデータは公文書ではないということで、消されてしまうわけです。桜を見る会には、消費者被害の問題を引き起こしていたジャパンライフの会長も招待されていました。総理大臣の「招待者名簿」が残っていたら、統一協会の人は招待されていなかったと言い切れるかどうか。あの「招待者名簿」は、政府が転覆するかどうかの本当に重要な文書だったのですが、ここをうまく逃げられてしまったわけです。

しかし､重要なのは次のところ【5－C〈2〉(2) ⑧】です。「重要又は異例な事項に関する情報を含む場合など、合理的な跡付けや検証に必要となる行政文書については、1年以上の保存期間を設定するものとする」。ここに、「重要又は異例な事項」という文言があります。森友問題の際、総理大臣夫人が「いい土地ですから進めてください」と言ったとされ、近畿財務局から財務省本庁の理財局の案件になった。そのカバーリングをやったわけです。森友問題における売買契約の流れは異例ですから、そうした案件のマターになるものは基本的に全部残さなければなりません。

したがって、桜を見る会の総理大臣の「招待名簿」についても、仮に例外的な1年未満保存文書だとしても、さらにその例外として「重要又は異例な事項」に関する情報であると解釈すれば、本来は残さなければならなかった。そういう枠をつくったのですが、内閣官房ではここも無視して廃棄してしまったことになります。だから、「仏造って魂入れず」といいますが、いくらいいものをつくっても、うまく運用されないといけないということです。

森友問題での公文書改竄問題

この規則を一生懸命つくっているさなかに今度は改竄（改ざん）問題が出てきます【5－C〈2〉(2) ⑨】。森友問題について、最初に問題となった文書は、売買するまでの手続きに関する文書だったのですが、今度は売買契約書に関連する附属文書が14あり、その附属文書は全部改変削除されていたというわけです。だから、総理大臣夫人が関わっている4月何日というようなところの部分は文書がありません。取材のためにNHKの記者から全部見せてもらってチェックしましたが、確かにそこだけは完璧に抜けていました。

ここで、電子文書の管理をどうするかという議論が詰められていくことになります。

学術会議会員任命拒否事件・「外すべき者」

私は2003年に政府の委員になった時から、電子文書をちゃんとしなければいけないと言っていました。それが、この公文書改竄問題が出てきて、ようやく電子文書の管理に議論が及びましたが、今度はデジタル庁の問題で、その電子データはすべて総理大臣のところまで集約できるというような話になってくる。その一つとして事例に出てきたのが、学術会議会員任命拒否事件です。6名の方が任命拒否されました。そのことが『赤旗』のスクープによって明らかになって話題になり、国会で審議された時に、野党議員から「どんな文書だったのか。全部開示しろ」という要請があった。情報公開請求によって、同じ文書をわれわれも見ることができます。

そうすると、本当にA4一枚の上3分の1ぐらいが、黒塗りの「外すべきもの」になっていた[3]。6名外されているけれども、国会答弁の中で菅総理大臣は「加藤陽子さんしか知らない」、と。加藤陽子東京大学教授は、2010～2016年まで公文書管理委員会でご一緒しましたが、ちゃんとした公文書をつくろうとやってこられたわけです。そうやって政府のために一生懸命やってきた加藤さんを外す。これは歴史に残る大失態です。いま情報不開示の不服審査請求で、加藤さんの代理人をしつこく、一所懸命やっているところです。

しかし、【5－C〈2〉(2) ⑪】にある通り、より根本的課題として、情報を集約するところをどうやってチェックするのかという問題があります。「外すべきもの」というA4一枚の上部4分の1のスペースの黒塗りにかかるデータまでは内閣官房に上がっているはずですが、内閣官房は自分で文書を管理しないことになっているので、各府省庁に戻してしまう。だから、内閣情報調査室から内閣官房副長官に上がっている部分は、6名の本人情報開示請求（行政機関個人情報保護法14条）に対しては全部、あるかないか言えないという存否応答拒否処分です（2021年改正個人情報保護法81条参照)。そのような扱いになっているので、行政機関の個人情報保護法としても大きな問題がある。まだ直さなければいけないところがたくさんあります。

だから、本当に簡素な記録しか残らないのであれば【5－C〈2〉(2) ⑫】にあるように、情報公開法と公文書管理法の「行政文書」の定義から「組織的に用いるもの」の文言を廃止するようなことまでやらないといけないかもしれません。この文言は、情報公開法をつくる時に、お役人の個人のメモだけは外すとしたものでした。役所の会議を例にとれば、会議で配ったものは「組織的に用いたもの」だから、紙で配ったものは全部、情報公開法や情報公開条例の対象になる。その基準になるものとして「組織的に用いるもの」としたのですが、意図的にそこから外すということであれば、このような条文はもう廃止するというような法改正の話があるかもしれません。

また、文書を改ざんしたり一方的に廃棄したりするのは、情報公開の根本の精神が分かっていないからだとも言えます。法律の中に「知る権利」をもう一回明記したほうがいいのではないかと思っています。長谷部教授の「言説」というところを見て下さい【5－B〈1〉(2)】。憲法に基づく情報公開法をつくれと言ってできたものをうまく運用しないということなら知る権利違反だ、とあります。だから、情報公開法にも明記をすべきではないか、と。実は憲法にも明記すべきではないかという議論までありますが、一度に憲法改正を言うと、「では9条とセットで改正を」という話になりかねないので、なかなか言えないわけです。だから、まずは情報公開法の中に入れる。それから、裁判所でも裁判官だけが現物のメモがちゃんと見られるようにする。これが、インカメラ審理手続です【5－C〈2〉(2)⑫】、【5－E】。

一方、デジタル社会における情報公開と公文書管理では、これまでに述べた規則などを、電子データにおいてどのように応用していくか【5－C〈2〉(2)⑬】。これは、自治体でもこれからの課題になるのだろうと思います。加計学園のときには政府の「ご意向文書」はいろいろな部局のサーバに残っていたのですが、今はそれが残らないように、親サーバのところだけで一元管理し、末端のコンピュータでは文書保存ができないようなシステムになっています。これをシンクライアント方式といいますが、こうして文書管理が一元化されると、文書が残らないことになります。だから、電子データにした時に、どうやってバックアップデータをちゃんと残していくのかという課題が出てくるのだろうと思います。そういう問題が、実は「桜を見る会招待者名簿」廃棄の問題として残っていました。これが一つ、デジタル社会における公文書管理で今後やっていただかなければいけない管理です。

情報公開と個人情報保護

それから、最近話題になっている、個人情報の権利の生成がどうなっていったのか。資料【5－D〈3〉】の「高度情報通信社会における、情報公開法制の知る権利とプライバシー・個人情報保護との調整について論じる」のところです。

1999年に情報公開法ができた後、「三宅を野放しにしておくとうるさいから政府委員に入れろ」ということだったのか、高度情報通信社会推進本部個人情報保護検討部会委員に入れられたのが、個人情報保護法をつくることになった流れでした。

情報公開条例においては、個人識別できるものは非公開になりますが、法5条1号で「法令又は慣行として公又は公予定情報」は公開しましょうということになっています【5－D〈3〉(1)】、【5－D〈3〉(2)⑧】。

個人情報の保護はプライバシーの権利から導き出されるものです。プライバシーの権利は、最初は『宴のあと』事件で生成されていきました【5－D〈3〉(2)①】。三島由紀夫が、都知事選挙に出られた方のいろいろな情報を小説にして出版しようとした。それを止める手続の中で、三島と出版社が、「他人に知られたくない権利」「ひとりで居させてもらいたい権利」によって訴えられたという事件です。これが判例でも形成されていったということです。こうして、情報公開法によって情報の開示を求めるのに対し、一人ひとりのプライバシーの情報は開示しないでおこうということで、「個人を識別できるものは非公開にしよう」という話が出てきました。

その中で、個人データの定義、「個人識別される情報は開示しない」という個人データの原則は、ヨーロッパから影響を受けています【5－D〈3〉（2）②】。経済協力開発機構、すなわちOECD8原則による個人データの定義による、「個人が識別され又は識別されうる情報は非公開にする」。これが、情報公開と個人情報保護の例外にあたります。しかし、「他人に知られたくない」ということですから、自分の情報はちゃんと知りたいということです。原則公開の例外として、他人に知られたくないものは非公開だけど、自分の情報はそのまた例外として公開できるようにしなければなりません【5－D〈3〉（2）③】。こうして、例外の例外として「自己情報コントロール権」が形成されていくわけです。これが、行政機関個人情報保護法で、当時は12条でした。2021年改正により個人情報保護法が全部一体になったので、今の法律だと個人情報保護法の75条がこれにあたります。

こうした流れで法律ができていく中で、江沢民中国国家主席が来られて早稲田大学で講演される時に、早稲田大学がその講演を聴講する人のデータとして、早稲田大学学生の学籍番号、氏名、住所、電話番号を本人の同意を得ずに最寄りの警察に渡してしまうことがありました【5－D〈3〉（2）⑤】。これは問題だということで最高裁まで争った結果、聴講した参加申込者のプライバシーにかかる情報はちゃんと保護されなければならないということになりました。また、住民基本台帳ネットワークシステムが憲法違反かどうかという裁判においても、最高裁は「何人も、個人に関する情報をみだりに第三者に開示又は公表されない自由」があるから、「住基ネットの住基番号もちゃんと管理されなければいけない」ということを明らかにしたのでした。

こうして、自己情報コントロール権については、自分の情報を第三者に提供する時には同意が必要だという、「決定権としてのコントロール権」。そして、自分の情報の開示、その情報が間違っていた際の訂正、その情報がみだりに流されるようであったら、そのコンピュータのシステムを利用停止にするといった「チェックとしてのコントロール権」。このように分類されてできていますから、すべての自治体に、個人情報保護条例があります【5－D〈3〉（2）⑥】。情報公開の原則開示の例外として非公開になるものが、個人情報保護条例の中では本人情報開示請求として出されていく。こうしたシステムの源流はここにあるのです。

「原則開示の基本的枠組」を定めた情報公開法と積み重ねられた判例

時間の都合上、資料【5－D〈3〉（4）】に移ります。知る権利を保障するという観点から、「原則開示の基本的枠組」（「情報公開要綱案の考え方」）である法5条1号から6号までの不開示情報は、いかに解釈適用されるべきであるか。「知る権利」

の具体化ということです。これは、情報公開法5条で非公開になりますが、それでも一生懸命積み重ねていった判例があります。

例えば大阪府水道部食糧費情報公開訴訟（最高裁平成6年2月8日判決・『民集』48巻2号255頁）【5－D〈3〉（4）②】。これは大阪府の水道部の裏金でした。情報開示請求をしたところ、「ナイトラウンジユウコ」というクラブの領収書があった。しかし、大阪府にそういった名前の店はない。そこの領収書はすべて水道部の裏金になっていた。そういうことで問題になった事件です。この最高裁判決を下した一人である大野正男裁判官は、退官後、情報公開法は行政機関が不開示事由を主張立証しない限り、原則開示に立ち返る、この判決の先例としての意義は大きいと話されていました。彼は、日本で最初に情報公開法要綱を提言した自由人権協会の設立当初からの会員でしたから、行政情報の「原則開示の基本的枠組」については、正しく理解していました。

それから、沖縄返還密約文書情報公開訴訟（最高裁平成26年7月14日判決『判例時報』2242号51頁、東京地裁平成22年4月9日判決『判例時報』2076号19頁）。1972年の沖縄返還時に日米両政府が交わしたとされる「密約文書」を巡り、元新聞記者らが国に情報公開法に基づく開示を求めた訴訟でした。核抜きで返還される、何の制約もなく戻ってくる。政府はそう言っていましたが、今でいう「思いやり予算」の前提になる多くの支払いがなされていた。その密約文書を巡って、時の担当者は「そんな文書はない」と言っていたのだけれども、死ぬ前に「実はあったのだ」と裁判の中で証言する、そういうことがあったケースです。

公文書管理法ができたら、ある時点であった時にそれを「ない」とは言えなくなります。また、公文書管理法や公文書管理条例がセットになり、文書の存在が推定されるようなことがあります[4]。一般人を基準にして他人に知られるかどうかを基準にした「一般人基準説」を採用した、国立病院の医療事故報告答申も参考になります。

後は血液製剤フィブリノゲンの納入病院の開示に関わるものでは、「人の生命、健康、生活又は財産を保護するため」に必要な情報は開示しろということになっています【5－D〈3〉(4)③】。これを開示すると、病院の側は多大な損害、不名誉を被って評判を落とすかもしれない。しかし、誰がその血液製剤を投与されていたかを、当時病院で処方された患者さんに知らせるためには必要だということで、例外の例外として開示されたもので、とても大事な例です。

このように、判例や情報公開・個人情報保護審査会の答申はかなり蓄積されているので、裁判のときにはここで挙げたような判例や答申例を応用し、「この取り扱いはこの判決や答申例に反する」というような言い方で訴訟を組み立てるといいだろうと思います。細かいところは、京都大学図書館の博士論文データベースで「三宅弘」と検索していただくと、600ページの博士論文が全部ダウンロードできるようになっています。

なお、実は、これまでのところ、私はインカメラ審理の規定を設けるという法律の改正ができませんでした【5－E】。私が死んでも誰かにやってもらわなければ、日本の情報公開制度は世界の周回遅れです。こうした問題が残っていて、誰かにやっていただかなければと思い、京都大学図書館でも論文を残して、広く世間にアピールすることにしました。

ヴォーン・インデックスを作成して文・段落・図表の部分・欄を単位とした開示へ

いま問題になっているのは「ざっくり一帯にわたって非公開にしよう」という話になっていることなので、一つ一つの非公開についてどんな理由なのか、ヴォーン・インデックスをつくりなさいというのが、訴訟の進め方の一つです。参考として、公文書管理委員会特定歴史公文書不服審査分科会のヴォーン・インデックスの実例を挙げておきました【5－E〈5〉(2)】。日韓協定を結んだ際の大蔵省の文書について、私や加藤陽子さんが分科会で、その非公開の一つ一つを全部、一覧表にしたものです。お役人をよび、「ここ黒塗りになっているけど、こちらで出ているじゃないですか。こちらも出したほうがいいんじゃないか」というような取引をやりました。裁判で裁判官とできる取引ではないので、できる限り審査会でそうした根回しをしたうえで、裁判所に上げる。このように訴訟を進めるといいと思います。先に述べた学術会議任命拒否情報公開審査請求では、審査請求人側で率先してこうした一覧表をつくり、「ここも外すべきものとされているけど、杉田官房副長官が挙げた名前が書いてあるじゃないか」とか言いながら、一つ一つ詰めていくことをやっています。

情報公開法改正では、仙谷行政刷新担当大臣に言われて改正法案をつくったのですが[5]、改正法案をつくる過程では、警察庁と外務省と防衛省から反対の意見書がたくさん出てきました。そのときの外務省の政務官は西村智奈美さんでしたが、「外務省も公開のレベルをあまり上げては困ると言っているのだけど、どうする？」といった、電話のやりとりもありました。それでも改正法案まではできたわけで、つまりインカメラ審理手続規定は憲法違反だからつくってはいけないという時代から、改正法案ができるところまできたということです。そこで、森山裕紀子弁護士を情報公開法改正準備室に送り込んだのですが、最後は民主党政権が衆議院解散で再び自公連立政権に代わるという時に、改正法案の可決成立ができないままで終わってしまいました【5－E〈5〉(3)】。

知る権利と情報公開の憲法政策論

制度をつくることを憲法政策というようなタームでまとめるならば、つくった制度一つ一つを改善すること自体が、法政策という学問領域の大きな発展に寄与するのではないか。論文では、そうしたことをまとめました[6]。

憲法改正で条文を変えるよりも、今ある憲法を具体的にどうするか、憲法政策として個別具体的な法律をもっといいものにしようという動きになったほうが、本当は世の中がよくなるのだと思います。そういうことで、弁護士会では人権大会の決議などで、情報公開の促進と、プライバシー保護と「知る権利」の両立、これらを全部やるためにはどうしたらいいかということをちゃんとやってきたと思います【5－F】。

今の情報公開法ができるまでの20年。公文書管理法ができるまでの30年。それから公文書管理法ができて10年。情報公開法ができて20年。ここまでやってきましたが、もうだいぶ息切れしてきました。バトンタッチをしたいということで、皆さまにぜひお願いをしておきます。

注

1　公文書等の適切な管理、保存及び利用に関する懇談会「公文書等の適切な管理、保存及び利用のための体制整備について—未来に残す歴史的文書・アーカイブスの充実に向けて—」（2004年6月28日）、内閣府大臣官房企画調整課監修・内閣官房長官主催「公文書等の適切な管理、保存及び利用に関する懇談会」座長高山正也編『公文書ルネサンス——新たな公文書館像を求めて』（国立印刷局、2005年、151頁）。西山伸「『公文書ルネサンス』と昨今の公文書等の管理体制整備の動きについて——「中間書庫」問題を中心に」『アーカイブズ学研究』（2005年11月、66頁）。

2　2009年5月29日第171回通常国会衆議院内閣委員会第13号会議録。

3　芦名定道外『学問と政治　学術会議任命拒否問題とは何か』（岩波書店、2021年）表紙帯参照。

4　三宅・前掲「最終講義の案内」注2『知る権利と情報公開の憲法政策論』125頁。前掲最高裁平成26年7月14日判決は事例判断としてのみ位置付けられ、前掲東京地裁平成22年4月9日判決の判旨が公文書管理法4条以下の文書の作成保存義務に基づく推認として、これを否定する行政機関の合理的理由がない限り、行政文書の存否が事実上の推認として認められるものとして、先例拘束性を具備するものと解せられる。

5　三宅弘『原子力情報の公開と司法国家』日本評論社、2014年、406頁「行政機関の保有する情報の公開に関する法律等の一部を改正する法律案」

6　三宅・前掲注4『知る権利と情報公開の憲法政策論』325頁。

6　さらなる探究として

憲法政策論から目指す東アジア共通法基盤整備へ

最後に、これからやりたいことを述べます。

所有権法の理論というのは一物一権主義、一つの物に一つの権利が立つということです【6－A】。情報を勉強してみると、情報は誰でもみんなが持っていて、それが金銭でやりとりされると、一情報多元保有の情報法学が展開されるのではないかと思われます。政治学も、国民国家の枠を超えた、経済発展と情報流通に対する市民政府による統治も考えなければいけないのではないか。それを憲法の政策論として構想していくことができれば、中国、韓国や北朝鮮などを含めた、東アジアの共通の法基盤ができていくのではないか[1]というものです。しかし、これは先の長い話です。

社会科学としての法学と坐禅の修行

今日は社会科学との関連で話をしましたが、他の分野では、佐々木閑さんが、自然科学と禅について議論しています【6－B】[2]。私は社会科学をやってきた者として、若い頃から後に私の妻となる村松理恵子さんらと共に学び、今も学び続けている禅と、政治学専攻から方針を変えて学んだ法律学を、今日話した実務法曹として、すなわち科学としての法律学を探求しながら、「調身・調息・調心」を心がけて、一つ一つの呼吸に集中していく。

先ほどの話で分かりやすく言えば「的に弓が帰る」。そうしたアプローチをどのようにしていくのかが、今後やりたいことの一つです。

「射そのもの」が「射てをとおして的に帰る」という境地、あるいは事物の本性を経験的モノグラフ、特に民法の概念により解釈を整理できないか、ということです。特に参考になった『人間の学としての民法学』（大村敦志、2018年、岩波書店）や『法学の誕生』（内田貴、2018年、筑摩書房）には大きなサジェスチョンをいただきましたが、こうしたものを手がかりに、これからも勉強していきたいと思います[3]。

本日はご清聴、ありがとうございました。

まとめのご挨拶——法曹養成制度のこれからの課題

司会　三宅先生、貴重なお話をありがとうございました。いま、本学の法曹養成は3プラス2という形で、学部に法曹コースが入っています。まさにこれは、先生の積み重ねてこられた、理論と実務の架橋、統合の実践例のはずです。幅広い教養を備えた、いろいろなこと考える人こそ法曹になってほしいということだと思います。現在の社会状況においては少し違う方向に行きつつあると、危惧をしているところです。先生の実践、現代社会でやっていただいたような法学を中心としたリベラルアーツを、きちんと学部でやってほしいというのが私の願いでもあります。本日は貴重なお話をありがとうございました。

三宅　どうもありがとうございました。

注

1　三宅・前掲「最終講義の案内」注2『知る権利と情報公開の憲法政策論』371頁。前掲2章注20でも引用したが、柄谷行人『世界史の構造』や同『力と交換様式』を参考にすると、グローバル化する資本制社会の諸問題を解決するための法律学や政治学が構想できるのではないかと考えている。

2　佐々木閑『日々是修行』(ちくま書房、2009年、97頁、第45話「ある物理学者との邂逅」)で、故戸塚洋二・東京大学特別栄誉教授との対話として「時間とは物事の変化そのものであって、別個に時間という存在があるわけではありません。ですから、変化しないものには時間はないのです。人が涅槃に入るというのは、そういう時間のない状態になることなのです」などと説明されている。さらに、このような説明を展開したものとして、佐々木閑＝大栗博司『真理の探究——仏教と宇宙物理学の対話』(幻冬舎、2016年、252頁)でも、「数学的に表現された自然法則に従って機械的に進んでいく宇宙の中で、無数にある星のひとつの上に偶然生まれた私たちは、神のような超越的な存在から特別な役割を与えられているわけではない」ところにおける「人生の意味は何か」という問いに悩むことに対し(大栗氏)、「釈迦はすでに2500年前に、『宇宙の真ん中に自分がいるという世界観が私たちの苦しみを生み出す根本原因だ』と見抜いていた」という(佐々木氏)、やり取りが対話されている。

3　本最終講義(3月28日)の1か月後、2022年4月29日に妻三宅理恵子が急逝した。その供養として、その人生を記録した三宅弘編『散る桜にいのち輝く——助産師三宅理恵子の伝えたかったこと』(私家版、2023年)を編さんしながら、佐々木閑氏と戸塚洋二氏や大栗博司氏との対話のようなことを、禅修行と社会科学することの一如として探究することに努めた。これについては、三宅・前掲1章注6『弁護士としての来し方とこれから福井でしたいこと』52頁。

資料編

1　「異質の理解と寛容」を育む装置としての「縦割りホーム制」を「合わせ鏡」として――戦後教育改革の一つの原点

【1－A】情報公開と「異質の理解と寛容」を結ぶ言葉から

"A popular Government without popular information or the means of acquiring it, is but a Prologue to a Farce or a Tragedy or perhaps both. Knowledge will forever govern ignorance and a people who mean to be their own Governors, must arm themselves with the power knowledge gives.-James Madison(Letter to W.T.Barry, august 4. 1882, in G.P.Hunt ed, IX The writings of James Madison 103, 1910)".

アメリカ合衆国第4代大統領ジェームズ・マディソンのこの言葉は、アメリカ情報自由法の解説において繰り返し引用されています。ところが、この言葉は実は、教育支援のための手紙の中で述べられた言葉だったのです。

（以下【1－C】まで、この**情報公開と教育とを結ぶ**言葉についての高校生に向けた講演を振り返り、情報公開法の存在を前提として「社会の仕組み」の問題に取り組む次の世代の人々へ贈ります）。

【1－B】1992年9月26日講演「ホーム制と自由人権」

私は1969年4月に若狭高校に入学しまして、72年春の卒業です。35ホームに縮小再編成になったところでした。入学したときは何故へんてこなことをするのだろうと思って、中学とまったく違う制度なので、大変どぎまぎしたわけですけど、3年間いる中でずいぶんいろんなことを勉強しました。

「ホーム」は今でも妻との共通の話題でして、私にとっても青春そのものだったという気がします。最近は別にホーム制のことについて勉強しているわけでもないのですが、研究している分野の本の中に、ちょっと難しいですが、こういう言葉が出てきました。

「人民が情報を持たない、また、それを獲得する手段を持たない人民の政治は、道化芝居の序幕か悲劇の序幕であり、あるいはその双方以外の何ものでもない。知識は永遠に無知を支配するであろう。人民が統治者であろうとするならば、知識の与える力で武装しなければならない」

ちょっと固い言葉です。これはアメリカ合衆国の憲法制定者である合衆国4代目の大統領ジェームズ・マディソンという人がケンタッキー州の公立学校へ公金を支出する際にその支援のための手紙の中で述べた言葉なのです。今、教育関係の仕事に従事しているわけではないのですが、私のやっている仕事の中ですごく重要な言葉になっています。

振り返ってみるにこういう言葉に出会うのも、やはりホーム制で教育を受けたからではないかとつくづく思うわけです。

【1－C】ホーム制の理念は先駆的な思い入れです——戦後民主主義教育の一事例として

「異質なものへの理解と寛容——社会は性別、年齢、職業、能力、民族などの『異質』なものの集り、一つのホームの中にこれらの異質のものをも組み込み寛容の精神を養おう」

1949年の若高新聞の第1号に引用された、当時の校長先生の言葉です。別の言葉では、**新教育制度、ホーム制、選択教科制、単位制は最新の教育理念に基づいた世界におけるもっとも**

進歩的な制度であり、これの採用は我が国の教育の歴史における文字通り学期的な改革であるというようなことまで、そこに書かれています。これは戦後の教育改革の中では大変な制度改革ではなかったかと思うわけです。

こういう思いは、その後一層強くなりました。大学へ入って友達と付き合うにつれ、ほとんど同じような発想をする人しかいないのであまり魅力を感じなかったのですが、それに比較して、若狭高校にはすごくいろんな人がいたということは大変興味深いことだったな、と振り返って思います。

中でも注目したいのは、1940年代後半の当時にあって、民族というような言葉まで出して、ホーム制によって異質なものへの理解と寛容の精神を養うということを理念となさった、先生方の先駆的な思い入れです。これは大変重要な点ではないかと思うのです。

三宅弘『情報公開法の手引き――逐条分析と立法過程』(花伝社、1999年、298～300頁)。

――1992年9月26日若狭高校における講演「ホーム制と自由人権」(『若狭高校商業科雑誌』第41号所収)。

【1－D】1994年3月に「ホーム制」廃止

苅谷剛彦さん(現オックスフォード大学教授)にお願いし、教育社会学的に「縦割りホームルーム制の研究」をしていただくこととなりました。

苅谷さんは、**「ホーム制」は戦後の高校教育の見えないところが見えてくる「合わせ鏡」である**とし、1997年の教育社会学学会においては、「ホーム制」の実践を事例に、教育についての「語り」から、(1) 教育理念の実践に対する影響、及び (2)

教育の実践の生徒に及ぼす教育効果、の２点において、新たな地平を切り開こうとする報告がありました。

「現場との強烈な出会いから、なぜ彼らはこれほどまでこのホーム制という制度にこだわってきたのか、彼らはなぜはるか昔の高校時代のことを昨日のように語るのか、**なぜ彼らはみな『異質なものへの理解と寛容』という教育理念を記憶しているのか**」(苅谷＝酒井 220 頁)。

「**ホーム制という、狭い意味では生活指導領域の実践**が、学習指導や進路指導といった他の教育活動までを巻き込んで、若狭高校一体として**『異質なものへの理解と寛容』をどのように実現していくのかを問う契機となった**」(同 207 頁)。

私は、20 数年前（1997 年当時）に、「自己否定の論理」や「自己肯定の倫理」が理念だけで重く覆いかかっていた大学にあって、内村鑑三、矢内原忠雄、西村秀夫と連なる無教会派キリスト教の流れに触れることができましたが、「ホーム制」で育った者として、そうした流れが、**内村鑑三、藤井武、鳥居史郎と連なる、もう一つの流れの中で育まれた教育理念「異質なものへの理解と寛容」と極めて親しいものであったことを、あらためて覚醒することができました**。また、情報公開法の制度作りに傾けるエネルギーが、戦後民主教育の理念に啓発されて育まれてきたことをも、あらためて確認することができました。

1997 年 10 月 28 日「『縦割りホーム制』の実践発刊によせて」福井県立若狭高等学校編『「縦割りホーム制」の実践』(1997 年)、苅谷剛彦・酒井朗編『教育理念と学校組織の社会学――「異質なものへの理解と寛容」縦割りホーム制の実践』（学事出版、1999 年）参照。

【1－E】

1965年4月24日　「声なき声の会」高畠通敏、呼びかけ人代表・小田実（後に「ベトナムに平和を！市民運動」となる会の第1回デモ呼びかけ）

1968年　無数の問いの噴出の時代（2017年国立歴史民俗博物館企画展示タイトル）

1968－1969年　東大闘争→全国の大学闘争へ

1969年1月18、19日　東大安田講堂をめぐる攻防

1969年　高校1年時の私＝日米安保条約の研究（田中、橋詰、三宅、大澤ほか）

1970年　日米安保条約の改定

1970年　高校2年時の私＝『考える高校生』（三省堂新書、1969年）

――「異質の理解と寛容」を教育理念とする「ホーム制」を「合わせ鏡」として

――大学受験で選別される公教育体制を観察する（三宅、大澤ほか）／別のグループは「産小屋」の研究（立花、相津、村松ほか）

1971年　高校3年時の私＝学校図書館推薦図書からマルクス『共産党宣言』、ヴェーバー『職業としての学問』、丸山眞男「『である』ことと『する』こと」『日本の思想』など

――官僚養成制度を実際に眺めたいという動機付けから東京へ

1972年2月　連合赤軍あさま山荘事件

左翼学生運動の限界を眺めつつ、『職業としての学問』にあこがれ、「職業としての政治学者」（高畠通敏）を目指す

2 「1968年」無数の問いの噴出の時代における45カリキュラムに学ぶ——リベラルアーツ・法学教育の萌芽

【2－A】

谷嶋喬四郎ゼミ：ウェーバー「プロテスタンティズムのゼクテと資本主義の精神」、「シュタムラーにおける唯物史観の克服」の邦訳を読む

——ウェーバーの社会学への関心（1972年後期も続く）。

岩永健吉郎ゼミ：『知識人と政治』を読む

——政治学への関心。

【2－B】法学入門（1972年前期）

ラートブルフ（碧海純一訳）『法学入門』

——法と正義（法の概念……法、習俗、倫理／法の目的……法治国家、文化国家、権力国家／法の効力……自然法と事物の本性／法の理念（正義、合目的性、法的安定性））／国法／私法／商法／経済法および労働法▲／刑法／裁判所構成法／訴訟法／行政法▲／教会法▲／国際法／法学（▲は講義時間のため省略）

【2－C】法学入門（1972年後期）

田中英夫『実定法学入門』

——最初の例／民事と刑事／裁判と法源／成文法の種類と効力／成文法の解釈／判例／慣習／私人による取決め／法形成による立法の司法／司法制度／法律家とその養成（アメリカのロー・スクールにおけるプロブレム・メソッドの紹介［第2版］

276 頁「この方法は、学生に予め論点を提起し、かつその論点解決の手がかりとなるような資料を与えておいて、その問題の解決方法について考えさせるというやり方」）

【2－D】「政治学入門」（1972 年前期）

ヴェーバー『支配の社会学』の**支配の 3 類型（カリスマ的支配、伝統的支配、合法的支配**）を参考としながら、**「日本の政治」を科学する**京極純一『日本の政治』（東京大学出版会、1983 年）への導入。

→法学部の「政治過程論」と京極ゼミでの「大飯原子力発電所の設置をめぐる政治意識の分析」による数量政治学の研究へつながる。

【2－E】「政治学入門」（1972 年後期）

「彼は『序』に、『**アメリカにアメリカ以上のものを見た**』と言う。それは祖国フランスの命運を思うからであり、デモクラシー一般のイメージを求めようとする志向が既にある。その際にデモクラシーが政治制度に尽きるものではなく、**貴族制の社会と対比される新しい社会体制**であり、その上に立つ政治の構造でもある。そこから彼のデモクラシーが多義的であるという批判も生まれるが、それは当然である。ただ、訳する場合には困難が生じるので、敢えてデモクラシーと片仮名で表示した。

ここから習俗の重視が起こり、その一層の拡充が期待されてくる。アメリカに即して言えば、それは市民に必要な教育の普及によって訓練された人間が、物質的な繁栄を追いながら、宗教の間接的影響による堅実な道徳を身につけ、政治に対しても、個人の利益の促進という観点から積極的に行動する。その結果、

郵便はがき

料金受取人払郵便

神田局
承認

7148

差出有効期間
2024年10月
31日まで

101－8791

507

東京都千代田区西神田
2-5-11出版輸送ビル2F

㈱花 伝 社 行

ふりがな お名前	お電話
ご住所（〒　　　　　） （送り先）	

◎新しい読者をご紹介ください。

ふりがな お名前	お電話
ご住所（〒　　　　　） （送り先）	

愛読者カード

このたびは小社の本をお買い上げ頂き、ありがと
ございます。今後の企画の参考とさせて頂きます
のでお手数ですが、ご記入の上お送り下さい。

書名

本書についてのご感想をお聞かせ下さい。また、今後の出版物についての
ご意見などを、お寄せ下さい。

◎購読注文書◎

ご注文日　　年　　月　　日

書　　名	冊　数

代金は本の発送の際、振替用紙を同封いたしますのでそちらにてお支払いくださ
なおご注文は TEL03-3263-3813 FAX03-3239-8272
また、花伝社オンラインショップ https://kadensha.thebase.in/
でも受け付けております。（送料無料）

多数の圧制を導く危険があり、また非能率を来すこともあるが、法と道徳との尊重が行き過ぎを抑え、弊害を緩和する。このような状況からは、偉大なもの、強烈な個性の発現は期待できまいが、すべての国民が小市民的な福祉を享受することができよう。貴族政の社会からの転換により、遺憾ながら失われていくものがある。しかし、**自由の原理だけは守られなければならぬ。アメリカは**、その意味で、唯一とは言えないが、**有効に作動しているデモクラシーである**」。

トクヴィル（岩永健吉郎＝松本礼二訳）『アメリカにおけるデモクラシー』（研究社、1972年）。

【2－F】折原浩ゼミ（1972年後期）

東大裁判傍聴と証人尋問調書を読むゼミ。

折原浩「主張することと立証すること」『東京大学——近代知性の病像』（三一書房、1973年）～**東大裁判特別弁護人最終弁論**から**折原—丸山論争**へつながる。

——1973年前期からは第1次東大闘争資料センターにおいて68～73年までの東大闘争についての資料の整理をしながら、「**学問とは何か、何のために学問するのか**」を考える。

【2－G】折原浩『ヴェーバーと「大学問題」』

安藤英治外『ヴェーバーの思想と学問』（風媒社、1972年）を手がかりに、ヴェーバー『職業としての学問』を再読し、学問の限界と職分について、あらためて確認する。

「大学で教鞭をとるものの義は……**ただ知的誠実性ということだけ**である」、「一方では、**事実の確定**、いいかえれば数学的ないし論理的な事実を確定したり、文化財の内面的な構造を確定したりすること。そして他方では、文化の価値や文化のいろいろな内容の価値に関する問題に答えること。したがって、**文化社会や政治団体の内部で、どのように行動すべきであるかという問題に答えること――この二つのことが全く別物だ**ということ」を見ぬく「知的誠実性」が要される（折原前掲論文 83 頁）。
「人間としても職業としても、われわれの仕事 Arbeit にとりかかり、『**その日その日の要求**』（Forderung des Tages）をかなえるようにしよう」（折原前掲論文 90 頁）。
「**おのれを空しゅうして自己の課題 Sache に心うちこむ**人々こそ、その仕事の尊さを高め」、「**被造物的な情念を、まじめな、良心的な研究作業を積むプロセスで克服し、着想を『待望』するという境地**」を求める。
――それは、「弓道を例にとって、……稽古に稽古を重ねるなかで、……邪念を去っていくと、**ある瞬間、突如として、なにか自分をこえたものが自分をとおして的を射る**」［弓が的に帰る］構造がみとめられる（折原前掲論文 74 頁）。
――後に、折原『デュルケームとウェーバー』（三一書房、1981 年）においては、「ひとり滝沢克己のみが、それ（生と知性の統合、生と学問との相互媒体の緊張を接続できる主体への自己形成という理念によって、背後から支えられている追求課題）を『万人のこと』として受け止め、“根源的―主体的主体と、私たち客体的主体との『不可分―不可同―不可逆』の『原関系』”として、解答を表明―伝達し続けている」（282 頁）として、「**『射そのもの』が、『射手をとおして的に帰る』――というような境地**に達するという『奥義の本質』」（滝沢克己『競技・芸術・人生』著作集 10 巻、法蔵館、1974 年、81 ～ 126 頁）に論究している（折原 284、294 頁）。

【2－H】折原ゼミ「主張することと立証すること」

東大裁判（1・18～19闘争を戦って官憲に逮捕され、起訴された「被告」諸君の裁判＝裁判闘争）を傍聴し、また、公判調書である加藤一郎証人調書、坂本義和証人調書などを読み、「現実の闘争状況のただなかで、人間の解放・復権をめざす運動の一端をみずから担い、そのなかで**批判的理性を自律的に行使し、運動の概念、状況、構造を具体的かつ普遍妥当的に解明してゆくこと**――そうした試みこそが、〈学問〉にほかならない」（折原前掲著10頁）との学問観の具体的例証を学んだ。

【2－I】まだ司法試験を目指していないときの裁判傍聴

この折原ゼミは、「駒場で交流をもった学生のうち、この時期、東京地裁の傍聴席で法廷闘争を見守りながら、学内の演習『主張することと立証すること』にも参加していた諸君のなかからは、後に、反公害、情報公開その他の**住民－市民運動にかかわり、しかも、綿密な論証ができて、法廷闘争も担うことができ、さらにそうした実務のなかから新たな理論を構成していける、広義の研究者・探究者**が出てきている。これはもとよりその諸君自身の自己形成の方向選択と努力の成果があるが、その選択のさい、上記のような法廷闘争の経緯とこれの関与が、なにほどか示唆を与えたとすれば、それはわたしにとり、日常的な講義や演習の聴講生のなかから、堅実な論証能力を身につけた狭義の研究者が出てきてくれたことに優るとも劣らず、大きなよろこびである」と評せられることとなる。

折原浩『ヴェーバーとともに40年――社会科学の古典と学ぶ』弘文堂、1996年、30頁。

【2－J】1973年

1973年大学2年次には、法学部専門科目としての京極純一「政治過程論」、小林直樹「憲法Ⅰ」、四宮和夫「民法Ⅰ」などが始まった。見田宗介助教授（当時）ゼミでは、「現代社会の存立構造」『思想』1973年5月論文「現代社会の存立構造」を手掛かりとして、**マルクス『資本論』**を読み、**現代社会の存立構造を考察する**という社会学的手法を学んだ。

——経済学部でマルクス経済学を学ぶ機会がほとんどなくなっている今日においては、文学部倫理学、哲学の分野における熊野純彦『マルクス資本論の思考』（せりか書房、2013年）などにつながる業績と解される。

【2－K】

「人間たちの共同性が、直接的な主観の共同性として存立する共同態とは異なって、集合態においてはぎゃくに、諸個人の主観の個別性が、事物とか人物とかの言語的観念によって相互に媒介されつつ、媒介された共同性を対象的＝客観的に存立せしめる。

したがって諸個人の実践的相互連関のうみだす力、『社会的諸関係の総体』の固有の力は、これをおのおのの個人のがわからみると、媒介たる事物や人物や言語的観念自体に内在する力のようにみえる。

たとえば、**貨幣は、諸商品相互の関係を媒介する一般的な等価形態であることによって、ぎゃくにこれらのすべての商品の価値尺度として、つまり意味づける主体としてたちあらわれる**。すなわち貨幣は、それぞれが私的な利益のために孤立して実践する商品生産者相互のあいだを、媒介する一般的な紐帯であり

『取りもち役』であることによって、逆にこの商品社会の王となり『目に見える神』とまでなる。……

賤しいものが最も賤しいものであるがゆえに、逆に最も高貴なものに転位するというシェイクスピア――青年マルクスの直観は、マルクスの全生涯をつらぬいた、ほとんど妄執ともいうべき一貫したモチーフとなる。この主題はやがて『資本論』段階において、一般的等価値形態の成立における、主体と客体、〈意味するもの〉と〈意味されるもの〉との劇的な逆転の論理を冷徹に剔抉した『価値形態論』として結実する。

媒介がその普遍的な対象性ゆえに、普遍的な主体性に転位するというこのメカニズムは、のちにそれぞれの個所で検討するように(本構想の第Ⅰ、Ⅱ、Ⅲ部)、あるいは『資本』の、あるいは『国家』の、あるいは『神』の存立の機制そのものに他ならず、**経済諸形態、権力諸形態、意識諸形態におけるさまざまな水準の物神性の秘密に他ならない**」

真木悠介『現代社会の存立構造』(筑摩書房、1977年、27頁)。

【2－L】1973年後期、折原原書購読ゼミ「理解社会学のカテゴリー」

「(1)『ヴェーバー社会学』の『方法的個人主義』が、当時『オーストリア(限界効用理論)学派』のカール・メンガーと『ドイツ(歴史)学派』のグスタフ・シュモラーとの間で交わされた『社会科学方法論争』の一止揚形態であること、そのようなものとして、**『民族』などの社会諸『形象 Gebilde』を(『流出論理』によって)実体化するのでなく、『理解可能な意味をそなえた諸個人の行為』に還元する(ここまでは字義どおりに解説されてきた)ばかりか、これを起点に、社会諸形象の創始と構成(し**

たがってその再構成・変動）をも、『諸個人の行為の、秩序づけられて協働連関』というカテゴリーを用いて分析的・経験科学的に捉え返そうとする構想であること、したがって『原子論atomismか、全体論holismか』という社会科学方法論上の根本問題にたいする、往時としておそらく唯一の、現在でも有効と思われる一解答をなしていること、

（2）**当の『諸個人の行為』についても、**『意志の自由』を持ち出して『解明』や『計測』を斥ける『ロマン主義』的人間観を『脱神秘化entzaubern』し、**行為の『合理性』こそ、経験的『自由』の証左である**（ここまでは字義どおりに語られてきた）ばかりか、**さまざまな『非合理』に『解明』の射程を広げ、さまざまな『合理化』を（その道標をしつらえつつ）展望していく方法上の戦略拠点でもある**と見て、活かされていること、

（3）その一環として『当事者には理由あって自認されないけれども、観察者には当事者の「実践的利害Pragma」から理解され、説明できる「客観的（整合）合理性」』というカテゴリーが措定され、これに、マルクス／エンゲルスらによる『イデオロギー論』（[歴史的・社会的に制約された偏った観念形態］と、ニーチェによる『ルサンチマン論』[弱者が強者に対する憎悪や復讐心を鬱積させていること］（およびフロイトの『精神分析』）とが、相互に媒介されながら止揚され、たとえば『支配の（自己）正当化Selbstrechtfertigung』の理論の鋳直されていること、

（4）他方、そうした基調のうえに、法哲学者ルドルフ・シュタムラーとの対決がなされ、『社会生活』の経験的現実における『非合理─合理』の流動的相互移行関係が、主題として取り出され、①**『同種の大量行為』［路上でにわか雨にあった一群**

の通行人たちが傘をひろげるという反応］から②『無秩序なゲマインシャフト行為』［凶器を手にした酔っぱらいがいるという脅威があるときに、多くの通行人がその酔っぱらいにとびかかり、共同して、場合によっては『手分けして』、取り押さえる場合］と③『諒解行為（というゲマインシャフト行為）［市内電車のある乗客が車掌と争っている場合に、他の乗客たちがその乗客たちに「加勢する」］』をへて④『ゲゼルシャフト行為（＝社会的行為）［市内電車の乗客たちが後になって共同して「異議申し立て」を行う＝諒解行為が制定律によって秩序づけられている特殊事例］ないし秩序の「合理化」にかんする四階梯尺度』が、（『カテゴリー論文』で）導き出されて、これが『旧稿』における体系的内容構成の礎石／道標／羅針盤とされていること、などである」。

折原浩『マッスク・ヴェーバーにとって社会学とは何か——歴史研究への基礎的予備学』（勁草書房、2001年、6～8頁）。

【2－M】折原浩教授からの学び

「『折原浩教授からの学び』として、『「プロテスタンティズムの倫理と資本主義の精神」などの宗教社会学論を学び、ヴェーバーを通じて折原理論を学ぶ』とあります。これはどのような議論なのかといいますと、ヨーロッパでなぜ資本主義が起きたのか、なぜ資本主義経済が成長する過程を辿ったのかというと、まずお金があると商品を買って、また材料を買って商品を作って売ってお金をつくる。それがまた商品になって、商品がお金になる。それが、商品経済のルールですね。お金、商品、お金、商品と。そのとき、拡大再生産という、余剰が出たときに、自分の趣味や享楽に使うのではなく、材料をいっぱい買ってたくさん作る。なぜ拡大再生産が起きるのかというと、プロテスタンティズム、特にカルヴィニズムの人たちは元々富の誘惑を拒否した人たちなのですが、自分が救われているか呪われているかを知ることができないという不安から、商品を売ってお金ができたときに、その**お金を貯めることが、将来天国で自分が救われることの確証になる**ということなのです。この拡大再生産するときの宗教的なあり方が、**『意図しない随伴結果』として現在の資本主義を形づくる根本的な動機づけになった**ということ、**宗教的な禁欲の精神が世俗化したとき、ひらすら営利を追求する資本主義の精神が成立した**ということを解明した学者がヴェーバーなんですね。このような結果は、ヨーロッパのカルヴィニズムにしか基本的にはなかった。……

その中で、特にプロテスタントの中で、ピューリタンはイギリスからオランダに渡って、その後アメリカに行きました。ピューリタンがアメリカの国を作ったわけですから、今は少し赴きを異にしますが、建国当初のアメリカでは、プロテスタントの精神で十九世紀に劇的な経済発展が広がっていきました。その歴史の流れから、**ヴェーバーは、[理解社会学のカテゴリーを基礎論文として] プロテスタントの宗教の禁欲の精神が世俗化したとき、ひたすら営利を追求する資本主義の精神が成立した**ということを解き明かした。このような歴史的な宗教社会学のあり方を学びました。ただ、私にとっては、難しい概念がいっぱい出てくるヴェーバーの理論よりは、それを通じて、大学闘争の時に正しい事実を自ら調査した上で、その信念を曲げなかった折原先生の生き方というものを、学者のあり方として学んでいった、[**あるいは法律、法律学を理解社会学のカテゴリーの延長上で学んでいけないか、**] という点がございます」。

三宅弘『弁護士としての来し方とこれから福井でしたいこと——原田湛玄老師と折原浩教授からの“学び”をふまえて』(シングルカット社、2013年、25～27頁)。

【2-N】1974年

3年次においても、公法コース、私法コースではない、政治コースでは、リベラルアーツが続く。

城塚登「社会思想史」——『若きマルクスの思想』(勁草書房、1971年)

伊藤誠「経済原論」——宇野弘蔵『経済原論』(岩波書店、1964年)

→1991年12月のソビエト連邦の崩壊に照らすと、資本主義から社会主義に至る発展論が誤りであることを明らかにしたし、

→2009年リーマンショック後の企業倒産後も、破産法改正、民事再生法制定を経て生き残る日本の資本主義体制へ思い到る。

侘美光彦「経済政策」——発展段階論から現状分析論へ

「**イギリスにおける十七、八世紀から十九世紀にかけての資本主義の発展**は、たしかに旧来の直接的な支配服従の封建的なる、中世紀的なる社会関係のもとに行われた、**小生産者的経済生活を資本家的に自由平等なる商品経済に純化し、合理化する**傾向を示していたのであって、古典経済学にとっては、資本主義社会を理想社会乃至唯一の社会と考える根拠があった。ところが、十九世紀二十年代以後の発展となると、大よそ十年ごとに恐慌現象を繰り返えすことになったのであって、最早や何人にとっ

てもこれを理想社会として科学的研究をつづけることはできなくなった。すなわち一方では社会主義の主張が行われるとともに、他方では多かれ少なかれ科学的研究を放棄し、常識的概念をもって資本主義を擁護する、いわゆる俗流化の途をたどることになった。マルクス（Karl Marx, 1818 − 83）の『資本論』は、これに対して社会主義の主張を科学的に基礎付けるものとして、**資本主義自身を一定の歴史的過程とし、その商品経済的機構を明らかにするという批判的方法に途を拓いた**のであって、経済学はここに始めてその原理を科学的体系として完成する基礎を与えられたのである」。

宇野弘蔵『経済原論』岩波書店、1964年、8、9頁。

【2－0】

「かくて経済学は、その研究の方法を完成される。すなわち先ず**第一に、資本家と労働者と土地所有者との三階級からなる純粋の資本主義社会を想定**して、そこに資本家的商品経済を支配する法則を、その特有なる機構と共に明らかにする経済学の原理が展開される。いわゆる経済原論をなすわけである。吾々は、これによって資本家的商品経済に一般的に通ずる、すべての基本的概念を体系的に、いいかえればそれぞれにいわば有機的関連をもつものとして理解しうることになる。それは理論的に再構成された資本主義社会として、それ自身に存立する完結した一歴史的社会をなすものとして解明されるわけである。次にこの原理を基準として、**資本主義社会の発展過程において種々異なった様相をもってあらわれる諸現象を発展段階的に規定されたものとして解明**しなければならない。前にも述べたように資本主義の現実の発展は、一定の時期までは純粋化の傾向を示しながら常に多かれ少なかれ非商品経済的要因よって影響され、また一定の発展段階ではこの傾向を阻害する強力なる要因を発生せしめることになるのであって、現実の諸現象は、原理をもって片付けえない側面を必ず呈示してくるのである。経済学研究の特殊部門をなす、いわゆる**商業政策、工業政策、農業政策、植民政策等の経済政策論や金融論、財政学あるいはまた社会政策論等**は、すべてこの発展段階論の内に、いいかえれば資本主義の発展の段階によって異ってあらわれる、商品経済の諸相を、資本主義的発展を指導する国において、その世界史的典型として解明するものにほかならない。かくしてまた始めて経済学研究の究極の目的をなす、**各国の、あるいは世界経済の現状を分析しうること**になるのである」（宇野前掲書 12、13 頁）。

――丸山眞男は、宇野弘蔵の（原理論、発展段階論、現状分析論の）三段階論は、ヴェーバーのいう「理念型」ではないかという、マルクスの経済学理論に強い影響を受けながら、「民主主義の永続革命」として経済学とは異なる政治（学）理論を追い求めた。

3　大飯原子力発電所設置をめぐる政治意識の分析からの実務法曹をめざして――今想うこと

【3－A】

「3 年のときには、今だと数量政治学と申しますが、1 週間前（2010 年 7 月 10 日）の参議院議員選挙でもですね、午後 7 時 58 分、8 時になると、バーっと出ますよね。参議院の与野党の当選予測者は 50 対 47 とか。あれは、出口調査のデータをベースに限られた母集団である人数の有権者がどこに投票したかといことで、全体の、国民全体の投票行動を計算して出すんです。そういうのを数量政治学というんですけれど、その数量政治学をちょっとかじっておりまして、政治学のゼミ（京極純一教授）にいたんですが、そのゼミで、**大飯原子力発電所の設置にかかわる町長選挙とアンケート調査における大飯町民の意識の変化というのを、数量政治学で分析したこと**がございます。大飯町に入って、ずっと分析して、いいレポートができたんです。先生にも『これはなかなかユニークなレポートだ』と言われていたから、『先生、大学に残りたいんです』と言ったら、きっと大学院に入れていただけたと思うんですが、その先生と、東大闘争についての理解の仕方などについてちょっと考え方が異なりました。ちょうどその頃、再開した折原ゼミを紹介してくれた友人など（清水節・元知的財産高等裁判所長官、佐藤順哉・元第一東京弁護士会会長、山岸良太・元第二東京弁護士会会長、藤本利明・元栃木県弁護士会副会長）が司法試験の勉強をし始めましたんで、こちらに視野が開けて、その後をついていったというのが実情です。特に、そのゼミで大飯原発の数量政治分析をしていたときに、**原子力発電所から送電線で関西に送電される**ときの、その**送電塔の根本に権利設定されている地役権というのが出てまいりまして、地役権ってなんだったけかな**、法律の授業で習ったけれども、さっぱりわかんないや、と思いまして、ああこれじゃあ、ちょっとだめだな、これは**法律を道具として、いろんなことを組み立てて議論をしていくことができるようにならなければいかんな**と、反省してですね、社会に張りめぐらされている法律を知ることによって社会を理解することができるのだと実感して、法律の勉強をまじめにやろうと。そのためには、弁護士にでもならんと好きなことはできないなと思いまして、法律家を志したと」。

――今、換言すると、人、物、所有権、交換・売買・賃貸借・雇用・不法行為等の債権を、要件事実を手掛り・「道具箱」としてヴェーバーの「理解社会学のカテゴリー」を活用することはできないだろうか。

三宅弘『弁護士としての来し方とこれから福井でしたいこと』(シングルカット社、2013年、30頁、引用した人物の肩書を補正)。

【3－B】

1975年当時、川島武宜『所有権法の理論』から民法に取り組む――以下は、その目次。

第一章　序説

第一　所有権についての実用法学上の概念

第二　現実的な存在としての所有権

第三　法秩序における所有権の地位

第四　本書の目的・構成

第二章　近代的所有権の私的性質

第一　近代的所有権の論理的構造――その一、商品交換の法的カテゴリー

第二　近代的所有権の論理的構造――その二、近代法体系の構成

第三　近代的所有権の法意識

第四　近代的所有権の史的成立

第三章　近代的所有権の観念性と絶対性

第一　問題の所在

第二　所有権の観念性の歴史的性格

第三　物権的請求権
第四　占有訴権
第四章　商品所有権の流通
第一節　所有権の商品性
第一　序説
第二　所有権内容の統一性
第三　所有権の客体の物質的統一性
第四　所有権主体の統一性
第二節　物権取引法
第一　序説
第二　物権取引の事実的過程とその法的構成の発展
第三　フランス民法およびドイツ民法
第四　日本民法における物権取引の法的構成
第五　物権取引の公示
第六　物権取引における公信の原則
第五章　資本としての所有権
第一　資本としての所有権——その抽象的端初的型態
第二　資本としての所有権の具体的な発展型態——その一（「信用」によって媒介せられた諸型態）
第三　資本としての所有権の具体的な発展型態——その二（会社により媒介せられた諸型態）
第四　資本としての所有権の具体的な発展型態——その三（独占資本および金融資本における諸型態）
第五　総括

【3－C】

しかし、実際は、物権行為独自性否定説にあるように、我妻栄『近代における債権の優越的地位』（有斐閣、1953年）。
——民法講義は、総則・物権の後に債権各論に入り、債権総論から担保物権を学ぶ。

2022年秋学期：現代社会2の序論を以下のとおり、マルクスが解明した「資本論の世界」における商品交換から始めて、パンデクテン方式による体系の民法の説明とした（「ローマ法大全」の学説彙纂の部分を「ディゲスタ（Digesta）」と呼ぶが、「パンデクテン」とは、そのドイツ語の表現。そのディゲスタ＝パンデクテンを研究対象とした19世紀ドイツ民法学（「パンデクテン法学」とよばれる）を生み出した法典編纂方式。
——大村敦『新基本民法総則編第2版』（有斐閣、2019年、18頁）。
→人、物、所有権、売買、賃貸借、雇用等の債権、不法行為等を、要件事実を手掛かりに、法社会学的分析に役立てることができるのではないかという試みでもある。

【3－D】

折原は、ヴェーバーの因果帰属の方法を次のように要約している。
「個性的な『原因』と『個性的な「結果」』との関係について、仮に前者がなかったとしたら、後者は生起しえたどうか、との『思考実験』を企て、**『人間が通例、所与の状況にいかに反応するか』**に関する**『法則的知識』に照らして、その個性的『因果』関係の『合法則性』＝『適合性』**を論証する**『客観的可能性判断』**」
折原浩『マックス・ヴェーバーにとって社会学とは何か——

歴史研究への基礎的予備学』（勁草書房、2007年、13頁）。
——当の「法則的知識」を「決疑論」に編成・整備してすばやく提供する「法則科学」的「補助学」として、必携の「道具箱」として、パンデクテン体系の民法を、とりわけ要件事実論をもって、生かすことができるのでは。

【3－E】

佐藤俊樹『社会科学と因果分析——ウェーバーの方法論から知の現在へ』（岩波書店、2019年）は、ヴェーバー『理解社会学のカテゴリー』の冒頭で、ヴェーバーが「[客観的可能性のカテゴリーについては]ラートブルフの著作……が重要である」（前掲32頁書6頁）とした箇所を指摘し、「自分［ヴェーバー］の方法論を独自に展開する形をとった理解社会学論文では、『客観的可能性』の参照先としてラートブルフの方が適切だと考えたのではないか」と述べる（佐藤前掲書249頁）。加えて、「社会科学の因果的な説明は全て、適合的因果の手続きを通じて、その『妥当性（Gültingkeit）』を確保せざるをえない」ともいう（同250頁）。とすれば、**法的因果関係を論ずる民法学においても、「理解社会学のカテゴリー」として民法典の条文を活用して、人による法律行為についての適合的因果関係を認めることができるのでは。**
→これをラートブルフの著作集から掘り下げる。

【3－F】

ラートブルフの著作集においても、「法哲学における相対主義」において、「法哲学における相対主義とは、正しい法に関するすべての実質上の断定は、一定の社会状態および一定の価値秩序を前提として初めて妥当するものである、という主張に外ならぬ」としたうえで、「ドイツの法哲学界では、マックス・ヴェーバー（Max Weber）……によって代表されるところの相対主義の方法がある」としている。

ラートブルフ『ラートブルフ著作集第4巻』（東大出版会、1961年、4頁）。

「法哲学入門」の「第1章　法の科学」においても、「**もっとも重要な社会学的法理論**はカール・マルクス（Karl Marx 1818bis1883）およびフリードリヒ・エンゲルス（1820－1893）によって基礎を与えられた**唯物史観である」としたうえで**、「マックス・ヴェーバー（Max Weber, 1864－1920）は彼の有名な論文『プロテスタンティズムの倫理と資本主義の精神　』（Die protestantishes Ethick und der Geist des Kapitarismus）のなかで**理念的なものの経済に対する逆作用の一例を論じている**」とする（同著作集33頁）。

また、「法学的思考形式としての『事物の本性』」においては、「或る事物の法律的意味とは、すなわち、或る特定の見地の下に生活関係の全体から特定の徴表を選択することである」、「法律的様式もまた、非本質的なものを正しく捨て去ることであるからである」、「われわれは、リッケルト（Rickert）や**マックス・ヴェーバー（Max Weber）の方法論的装置の助けをかりて**――意味・理念・理念への関連性（Ideenbezogenheit）および**理念型などの概念によって**――それを闡明しようと試みた。この手続の道筋は、もろもろの生活関係とそれらを規律する**個々の規範から出立し**、それらの意味を**理念に関わらせながら解明する**ことを経て、**法制度の理念型へと上昇する**のであるが、その結果の叙述は、通例、逆に、法制度から出立して、それから個々の法規範――法律的構成の出発点を成している法規範にせよ、その他の、新らしい、法制度の本質から論理的な帰結として引き出される法規範にせよ――を繰りひろげる仕方をとる。……したがって**『事物の本性』**（Natur der Sache）なるもの［ひとえに生活関係の性質そのものから汲み取られるべき客観的な意味］**は、厳密に合理的な方法の所産であって、**決して**『直観のたまもの』**（Glücksfall der Institution）**というようなものではない**」（同著作集第6巻92、93頁）。

【3－G】現代社会2：大学生の日常と法――大学生をとりまく実定法学入門

2021年秋学期　木曜4時限

序論

1　論述の基本的ルール。大野晋『日本語練習帳』（岩波書店、1999年）など参照。

2　ノートを見開きで使う、または、このレジュメを見開きのノートに張り付けて思考を整理する。見開きノートの左側に授業の説明、板書などをメモる。見開きノート右側のうちの左半分に、左側のノートの整理をさらに整理する。見開きノート右側のうちの右半分は、思考の整理、自説の整理などに使う。レポート提出に替えて。前田裕二『メモの魔力』（幻冬舎、2018年）など参照。

3　法的三段論法

大前提　法律の解釈

小前提　主要な事実の適示・整理

法律への事実の当てはめ

4　法律の解釈に関する、論点のまとめ方
5　民法の全体の構成を知る――パンデクテン方式による体系に人は人生を収斂することができる

第一編　総則
第一章　通則（1条・2条）

【3－H】

第二章　人（3～32条の2）

「ところで、人間は、他の動物とは異なって**『類的存在』**でもある。この概念は、きわめて難解で解釈に迷うのであるが、ここではフォイエルバッハも参照にしつつ、いちおうつぎのように諒解しておきたい。すなわち、『類的存在』とは、そのときどきの特殊な状況における特殊な対象と特殊な直接的関係に制約・緊縛（『本能』による緊縛）されることなく、諸対象―事物、動物、他人―の『類』（一般的本質、したがって一般的可能性）をも対象とし、意識することができ、それゆえ、**諸対象に『名』をあたえ、『概念』を形成し、自由に働きかけ、諸対象に、その『類』にふさわしい形態をあたえることのできる存在である、**と。したがって、『類的存在』としての人間は、自己自身との直接的関係からも解放され、自己自身を一個の対象として、『人類』human species の一貫として、その『人類』の『類』gattung（すなわち『人類』の一般的本質）を個体的に具現するように、その対象、すなわち自己自身に働きかけることもできる」。

1977年度第1～12回講義内容骨子第10回（6月25日）「対象的自然存在―類的存在―マルクスの人間観」折原浩『人間―社会論』。

「**権利は人〔格〕の概念を前提とする。**何ぴとかを人〔格〕とするというのは、この者を自己目的と認めるという意味である。人〔格〕は自己目的であり、全法秩序はこれに仕えるがために設定されている。**『人〔格〕』という法的特性は、法による権利能力の承認を通じて人間に与えられる**のであり、そうでなくて奴隷制度があるかぎりは奴隷には与えられない。ゆえに、この意味では、人間も『自然人〔格〕』(natürliche Person) ではなく『法人〔格〕(juristiche Person)』である」(前掲『ラートブルフ著作集第4巻』、118頁)。

→人格権(論)の展開の基礎。

【3－1】

第三章　法人 (33～84条)

第四章　物 (85～89条)

第五章　法律行為 (90～137条)

第六章　期間の計算 (138～143条)

第七章　時効 (144～174条)

第二編　物権

第一章　総則 (175～179条)

第二章　占有権 (180～205条)

第三章　所有権 (206～264条の14)

第四章　地上権 (265～269条の2)

第五章　永小作権 (270～279条)

第六章　地役権 (280～294条)

第七章　留置権 (295～302条)

第八章　先取特権 (303～341条)

第九章　質権（342 ～ 368 条）

第十章　抵当権（369 ～ 398 条の 22）

第三編　債権

第一章　総則

第一節　債権の目的（399 ～ 411 条）

第二節　債権の効力（412 ～ 426 条）

第三節　多数当事者の債権及び債務（427 ～ 465 条の 10）

第四節　債権の譲渡（466 ～ 469 条）

第五節　債務の引受け（470 ～ 472 条の 2）

第六節　債権の消滅（473 ～ 520 条）

第七節　有価証券（520 条の 2 ～ 520 条の 20）

第二章　契約

第一節　総則（521 ～ 548 条の 4）

第二節　贈与（549 ～ 554 条）

第三節　売買（555 ～ 585 条）

【3－J】

第四節　交換（586 条）―1974 年に城塚登教授が強調した（法律）行為（**表 1**）

第五節　消費貸借（587 ～ 592 条）

第六節　使用貸借（593 ～ 600 条）

第七節　賃貸借（601 ～ 622 条の 2）

第八節　雇用（623 ～ 631 条）

「貨幣所持者に対して商品市場で直截に向かいあうことになるのは、じっさいのところ労働ではない。労働者なのである。労働者が売るものは、彼の労働力である。労働者の労働が現実に開始されるとただちに、労働はすでに労働者に属するこ

表1　交換から売買へ

x量の商品A＝y量の商品B

a量の商品A＝u量の商品Bまたは＝	――無限に存在する商品体すなわち使用価値が、a量の商品A（20エのリンネル）の価値を映しだす鏡となっている（68頁）
v量の商品Cまたはw量の商品Dまたは＝	
w量の商品Dまたは＝xの商品Eまたは＝等々	

1着の上着	0エレのリンネル ――さまざな商品は、ここでは、それぞれの価値をひとつの商品によって「単純に」、しかも唯一の商品を単位として「統一的に」表現している」（69頁）
10ポンドの茶	
40ポンドのコーヒー	
1クォーターの小麦	
2オンスの金	
1／2トンの金	
x量の商品A	
等々の商品	
1着の上着	2オンスの金 ――「全てが、かくて「貨幣商品」となる」、「一般的価値形態は貨幣形 態へと転化している」（71頁）、「かくて金は「価値の一般的尺度」となり、この機能によってはじめて金という一般的商品は「貨幣」となる」（94頁）
10ポンドの茶	
40ポンドのコーヒー	
1クォーターの小麦	
2オンスの金	
1／2トンの金	
x量の商品A	
等々の商品	

熊野純彦『マルクス資本論の思考』（セリカ書房、2013年）より作成。

とを止めており、かくしてもはや労働者によって売られることはできない。労働は価値の実体であり、その内在的尺度であるとはいえ､それ自身は価値をもっていないのである」(熊野前掲書 247 頁)。――労働者の商品化―人間性の回復のために、労働契約法、労働基準法、労働組合法が生まれる。

第九節　請負（632 ～ 642 条）

第十節　委任（643 ～ 656 条）

第十一節　寄託（657 ～ 666 条）

第十二節　組合（667 ～ 688 条）

第十三節　終身定期金（689 ～ 694 条）

第十四節　和解（695・696 条）

第三章　事務管理（697 ～ 702 条）

第四章　不当利得（703 ～ 708 条）

【3－K】

第五章　不法行為（709 ～ 724 条の 2）

709 条「故意又は過失によって他人の権利又は法律上保護される利益を侵害したものは、これによって生じた損害を賠償する責を負う」～**人が目的に沿った合理的行為を行うとして､過って「意図せざる随伴結果」により他人の権利利益を侵害したときは**、その行為と結果に因果帰属する損害を賠償しなければならない。――私たちは、特に不法行為法を学ぶとき、佐藤前掲『社会科学と因果帰属』で紹介した「**社会科学の因果的な説明は全て、適合的因果の手続きを通じて、その『妥当性 Glütingkeit』を確保することである」という基礎理論を実証している**ことに気がつくはずである。

第四編　親族

第一章　総則（725 ～ 730 条）

第二章　婚姻（731 ～ 771 条）

第三章　親子（772 ～ 817 条の 2）

第四章　親権（818 ～ 837 条）

第五章　後見（838 ～ 875 条）

第六章　保佐及び補助（876 ～ 876 条の 10）

第七章　扶養（877 ～ 881 条）

第五編　相続

第一章　総則（882 ～ 885 条）

第二章　相続人（886 ～ 895 条）

第三章　相続の効力（896 ～ 914 条）

第四章　相続の承認及び放棄（915 ～ 940 条）

第五章　財産分離（941 ～ 950 条）

第六章　相続人の不存在（951 ～ 959 条）

第七章　遺言（960 ～ 1027 条）

第八章　配偶者の居住の権利（1028 ～ 1041 条）

第九章　遺留分（1042 ～ 1049 条）

第十章　特別の寄与（1050 条）

6　民法の個々の条文を読んで考える

7　参考文献——判例を検索する

民法判例百選Ⅰ、Ⅱ第 8 版（有斐閣、2018 年）

最高裁 HP

4　法学教育——リベラルアーツと「18 歳成人のための法学入門」

【4－A】2021 年秋学期の現代社会 2

大学生の日常と法―大学生をとりまく法学入門―理解社会学的発想から、大村敦史『人間（じんかん）の学としての民法学』（岩波書店、2018 年）に触発されての実定法学入門の授業計画は、次のとおりとなった（**表 2**）。

なお、法科大学院教育については、拙著『法科大学院——実務教育と債権法改正・情報法制の研究』（花伝社、2016 年）、とりわけ第 2 章「実務家による公法演習・民事法演習の教授法」（『獨協ロー・ジャーナル』10 号、2016 年 2 月、21 頁初出）で整理しているので、それを参照。

今後は、この授業計画を「18 歳成人のための法学入門」としてまとめ、高校生に教えたい。

【4－B】実務家による公法演習・民事法演習の教授法

「司法制度改革の三本の柱の 1 つで、法曹養成制度の中核をなす法科大学院が創設されるに及んで、筆者は、いくつかのお話のうち、それまで情報公開法立法運動で共に歩んでいた右崎正博教授のお誘いを受けて獨協大学法科大学院に奉職することとした。このことは、既に明らかにしたところである 。津和野への旅行中、たまたま獨逸学協会学校の初代校長である西周の生家に出くわしたこと、**金沢市内の卯辰山中腹の洗心庵跡において天野貞祐・獨協大学初代学長の筆による石碑を捜し出したこと**、この 2 つのエピソードが獨協大学への奉職の動機付けと

表2　授業計画（主題の設定）

1	大学入試と入学手続にかかる法律問題	大学受験にまつわる自己の試験結果を知る権利、さらに大学入学の際に事前に支払う入学金、授業料のもつ意味について考える―自己情報コントロール権、個人情報保護制度
2	賃貸借契約を結ぶ	大学生活のためのアパート賃貸借契約―契約自由の原則―民法、借地借家法よりも契約が優先する
3	物品の売買契約とクレジット契約	諸々の支払いのためにクレジットカードを作る―売買契約、クレジット契約の法的構造
4	個人情報保護	クレジット決済と引換えに個人情報を提供する―提携約款の合意に含まれる、「個人情報の取扱いに関する条項」
5	労働契約と非正規雇用	アルバイトで給料をもらう法的意味とサービス残業―雇用の意味、労働力の商品化
6	大学の自治と学問の自由（1）	履修単位取得と卒業認定―大学入学の法的性質、教育を受ける権利と学問の自由
7	大学の自治と学問の自由（2）	サークル活動の自由やスポーツ法について考える
8	表現の自由とネット炎上	SNSでの名誉毀損と「いいね」「リツイート」の意味を考える―表現の自由と名誉の保護
9	職業選択の自由	就職活動と履歴情報の提供―労働契約の締結、履行、終了
10	営業の自由	ベンチャー企業を立ち上げてアイディアをビジネスに生かす―営業の自由と著作権等の保護
11	労働契約と労働組合	働く人たちで雇用条件の改善に取り組む―労働契約法、労働基準法、労働組合法
12	結婚・離婚・成年後見・保佐・補助・未成年後見	家族にかかる法律問題―生まれてから死ぬまでの家族法
13	社会と法の本質	雨が降ると傘をさすのは法の履行か―法、習律、習俗
14	社会生活と憲法	法的保護にかかわる国のあり方―立憲主義、三権分立、基本的人権の尊重、情報は民主主義の通貨 →情報法制研究の位置付け

なったが、同時に、かつて学んだ『マージナル・マン』の理論を想起し、中核となる大規模な法科大学院とは異なり、首都圏の周辺（境界）に位置する大学において、1学年50人規模の少人数教育に従事し、種々の科目を教育することによって、日本の法科大学院を外側から距離をとってアプローチすることができると考えたからであった。その着想のとおり、2004年4月から現在まで11年にわたり、公法演習Ⅱ（行政法演習）、民法演習（不法行為法）、民事訴訟法演習、法律文書作成、リーガルクリニックⅡ、法曹倫理、総合特講（憲法・行政法演習）、起案等指導など、多くの科目を教え、法科大学院の教育に深く関与することができた。

その過程で、3・11福島第一原発事故をみるにつけ、法律実務家には、その業務を通じて、相関社会科学の一翼を担い、細分化された法律学を統合し実践していくことが求められているということを自覚し、これについても明らかにしたとおりである。

実務家が民事法や憲法・行政法を教えることは、研究者がこれらを教えることと同じであってはあまり意味がない。訴訟実務に裏打ちされた経験もまじえながら、事件の『筋と位取り』を学生に少しでも感じさせながら教育していくことに、その意義を見い出した。拙著『原子力情報の公開と司法国家』では、このことを『**依頼者の種々の事実**のうちから、**民事上は要件事実**を、**刑事上は構成要件該当事実**を、それぞれ**事実として摘示**し、**請求原因ないし構成要件を組み立てる**。**直観によって同感したうえで、分析に入り組み立てる主張立証事実を法廷に提示する弁護士の「筋と位取り」**は、このような、「自覚における直観と反省」によって営まれている』と摘示した。

このことを前掲拙著においては、「法科大学院における臨床法学の中から法哲学的な営みを解明していくとき」の方法論として提示したが、本稿においては、そのような基礎視座をふまえて、実務家による公法演習・民事法演習の教授法について論じる。

獨協大学法科大学院は、2014年に2015年度からの募集停止を決定し、やがては消えゆくこととなった。しかし、地域と子どもリーガルセンター や、リーガルクリニックⅠ、Ⅱに代表される「担当事件の相互報告会（rounds）」を組み込んだ臨床法学の実績と共に、実務家による演習は、今後の法曹教育の参考とするうえでも、記録しておくべきものと考えた次第である」（三宅前掲『法科大学院』39～41頁）。

なお、死刑廃止論を考える手掛かりとして要件事実論によって事実、主張を整理したものとして、拙稿「姜宇奎ら朝鮮独立運動家の死刑判決（1910 － 1945年）」
——「リーガルクリニックⅡ報告」（『獨協ロー・ジャーナル』11号、2017年、211、217頁）。

5　法制研究—日本の情報公開法制における知る権利の生成・展開と課題——法科大学院での教育をふまえた実務家教員の研究として

【5－A】

〈1〉日本における知る権利の生成過程

〈2〉知る権利を具体化した情報公開法から公文書管理法、特定秘密保護法まで

〈3〉高度情報通信社会における知る権利・情報公開とプライバ

シー・個人情報保護との調整
〈4〉「原則開示の基本的枠組み」としての法5条1～6号の解釈適用
〈5〉部分公開義務規定とインカメラ審理
〈6〉憲法政策論と憲法訴訟論
京都大学博士学位論文データベース→三宅弘で検索可能

【5－B】

〈1〉日本における知る権利の生成過程

1999年制定の情報公開法（以下「法」という）1条は、その多義性（**知る自由**と**政府情報開示請求権**）を理由として、知る権利の保障を明記していない。

知る権利は高度情報通信社会において憲法21条の表現の自由の構成要素である抽象的権利とされ、法が「**国民主権の理念にのっとり、行政文書の開示を請求する権利につき定める**こと等により」と定めることで、知る権利を具体化したものと解されている。

(1) まず、情報公開法制の整備に先立つ、判例における知る権利の展開が跡付けられる。
「悪徳の栄え」事件（最大判昭和44年10月15日色川裁判官反対意見）

博多駅フィルム提出事件（最大判昭和44年11月26日「国民の『知る権利』に奉仕する」、未決拘禁者閲読の自由最大判昭和58年6月22日）

報道の自由の別称としての知る権利が登場し、**レペタ事件**最高裁判決（最大判平成元年3月8日）において、**「各人が自由にさまざまな意見、知識、情報に接し、これを摂取する自由」**として、知る権利の自由権的側面（知る自由）に明示的に言及されるまでの展開。

⑵ 情報公開条例が制定される［1982年3月制定の**金山町公文書公開条例**における公文書閲覧謄写等請求権（同条例4条1項）や、1982年10月制定の**「神奈川県の機関の公文書の公開に関する条例」**における公文書閲覧及び公文書写し交付請求権（同条例4条）として具体化され、情報公開条例に基づく地方公共団体に対する地方政府情報公開請求権として生成・展開された］。

知る権利の裁判規範性を確立しようとする試みが著者を含めた実務家によってなされた。その具体例として、不開示情報を定める条項を知る権利の具体化として理解し、憲法適合的に解釈する可能性が論じられた。鴨川ダムサイト候補地点選定位置図情報公開訴訟最判平成6年3月25日『判例時報』（以下、『判時』）1512号22頁と玉乃湯事件情報公開訴訟東京高判平成2年9月13日『判時』1326号26頁（戸松秀典鑑定意見書提出）における試みは、法の制定前という制約もあって、「立法政策による立法裁量」としてまとめられ、立法裁量を統制する審査基準を司法部が展開することはなかったことが示された。

それでも、玉乃湯事件東京高判は、戸松秀典の鑑定意見書をも参考として、「当該条例においてまず一般的・包括的に公文書の開示を請求する権利を規定した上で、例外的にその権利を制約するような場合であれば、……**権利の制限条項については、これが厳格に解釈適用されるべきは当然であろうし、**その際には改めて、**別個に憲法適合性等を論ずる余地も考えられなくはない**」として、「知る権利」の憲法適合的解釈に踏み込む余地を認め、この限りにおいて、裁判規範として成熟することが認められた。

そして、情報公開法の制定後においても、長谷部恭男による「いったん情報公開法をはじめとする具体的法令が定められれば、①**憲法上の要請はその法令の解釈において考慮されるべきである**し、②立法化された権利のうち中核的な部分が立法府や行政府によって**適切な理由もなく縮減された場合に、それが憲法に違反すると判断される余地は十分にある**。したがって憲法上の要請と無関係に立法府が思うがままに情報公開法を創設し、それを行政府が憲法から自由に運用できるというわけではない」という言説が明らかにされた。そして、この言説は、上記玉乃湯事件東京高判を理論的にも裏付けるものであった。

［参考］

三宅が1984年から1995年まで実際に関与した情報公開条例にかかる主な裁判例は、次のとおりである。

（埼玉県・都市計画地方審議会の議事録の公開請求）①浦和地判昭和59年6月11日（『判時』1120号3頁）、（神奈川県・建築確認申請書添付図面の公開請求）、②東京高判昭和59年12月20日（『判時』1137号26頁）、差戻後の③横浜地判平成元年5月23日（『判時』1319号67頁）、④東京高判平成3年5月31日（『判時』1388号22頁）、（東京都・環境影響評価審議会の会議録等の公開請求）、⑤東京地判昭和63年2月23日（『判時』1264号33頁）、⑥東京高判平成2年9月13日（『判時』1362号26頁）、（栃木県・知事交際費の支出内容の公開請求）、

⑦宇都宮地判平成6年11月9日（『判時』1130号3頁）、⑧東京高判平成3年1月21日（『判時』1374号27頁）、⑨最判平成6年1月27日（『判時』1487号48頁）、（東京都・知事交際費の支出内容の公開請求）、⑩東京地判平成4年10月15日（『判時』1436号6頁）、（栃木県・帝京大学財務関係文書の公開の処分取消請求への訴訟参加）、⑪宇都宮地判平成6年5月25日（『判時』1522号65頁）、（那覇市・自衛隊施設建築計画通知書の公開処分取消請求）、⑫那覇地判平成7年3月28日（『判時』1547号22頁）、（東京都・精神病院統計の公開請求）、⑬東京地裁昭和62年（行ウ）第114号事件（「和解」）、⑭東京地裁平成4年（行ウ）第20号事件（「和解」）、（東京都・小田急線連続立体交差事業調査報告書の公開請求）、⑮東京地裁平成6年（行ウ）第302号事件（「和解」）。

これらに関与し、このため情報公開条例の制定経過等を研究した。また、情報公開訴訟は新しい訴訟類型であるために、これらの訴訟手続において試行錯誤した（三宅弘『情報公開ガイドブック——立法から活用の時代へ』花伝社、1995年）。また、立法提言として、秋山幹男＝三宅弘＝奥津茂樹『情報公開』（学陽書房、1988年）、自由人権協会編『情報公開法をつくろう』（花伝社、1990年）。

その後、インカメラ審理の許否について判断した**最決平成21年1月15日『民集』63巻1号46頁**においては、泉徳治裁判官と宮川光治裁判官との補足意見において、**「国民の知る権利の具体化として認められた行政文書開示請求権」**を前提として、司法から提言した憲法政策的課題として、**インカメラ審理の立法化を求めた**。また、放送法61条が規定するNHKとの受信契約の意義を明らかにした**最大判平成29年12月6日『民集』71巻10号1817頁**は、「放送は、憲法21条が規定する表現の自由の下で、**国民の知る権利を実質的に充足し**、健全な民主主義の発展に寄与するもの」と判示し、放送受信者自身の情報受領権及び情報収集権を包摂するものとして解釈される余地が認められるに至ったのである。

【5－C】

〈2〉知る権利を具体化した情報公開法から公文書管理法、特定秘密保護法まで関連法令の課題を論じる。

(1) まず、知る権利の展開と特定秘密保護法の関係。

そこでは、「国民の知る権利」が**特定秘密保護法22条1項**に明定されたこと（この法律の適用に当たっては、これを拡張して解釈して、国民の基本的人権を不当に侵害するようなことがあってはならず、**国民の知る権利の保障に資する報道又は取材の自由**に十分に配慮しなければならない）を踏まえ、特定秘密保護法と情報公開法との関係を知る権利を立法指針とする観点から論じる。

(2) 次に、情報公開法制定後の積み残しの課題として**公文書管理法の制定**が議論され、実現するに至ったこと、同法が制定されたのちも、**森友学園への国有地売却にかかる公文書の改ざん・違法廃棄など**の問題事例が明らかとなり、これを契機として、**行政文書管理ガイドラインの改正**がなされたこと、さらには決裁文書改ざんから**行政文書管理規則の改正**へとつながったことが詳細に跡付けられている。

①内閣法制局の集団的自衛権行使に関する「想定問答資料」(2016.2)

横畠裕介法制局長官は集団的自衛権の行使を認めた閣議決定（2014.7）に関連して作成した**「想定問答資料」は行政文書ではないとして開示請求を拒否**。その後、総務省の情報公開・個人情報保護審査会の答申に従い公開。

→行政文書の該当性

「行政機関の職員が職務上作成し、又は取得した文書であって、当該行政機関の職員が組織的に用いるものとして、当該行政機関が保有しているもの」（公文書管理法２条４項、情報公開法２条２項と同文）

②陸自 PKO 派遣部隊の日報（2016.12）

防衛省は当初、情報公開請求を受けた**日報は、保存期間が１年未満のため廃棄**したとし、不開示決定をしていた。その後、別な部署で見つかったとして一転公開。

→１年未満の保存期間。

イラク PKO 派遣部隊の日報（2018.4）についても、同様の問題あり。公文書、特に電子データの集中管理。

外務省外交史料館と同様の史料館において、戦略的な集中管理がなされるべき。

③財務省の森友学園との交渉記録（2016.6）

近畿財務局が国有地を森友学園に８億円引きの格安価格で販売した。**財務省は売買契約に関する学園側との交渉記録は保存期間１年未満の軽微な文書であり廃棄**したと答弁。

→１年未満の保存期間。

後述（3）の改ざん問題により、新たな展開へ。

さらに財務省が森友学園側や大阪航空局にごみ撤去費用の

口裏あわせを求めた問題。

④加計学園の獣医学部新設に関する文科省文書（2016.5）
「総理のご意向」などと書かれた文科省の内部文書につき、当初政府は**「怪文書」扱い**していたが、文科省の再度の調査の結果、文書が保存されていたことが判明。しかし、これに対応する内閣府の文書は不存在。内部討議について記録を作成していないというが。
さらに、

→レク資料等の行政文書該当性。**「報告・伺」の組織共用性**も。

愛媛県職員と柳元首相秘書官が首相官邸で面会した備忘録の文書。

→県庁内や霞が関の省庁での説明用に用いられたということならば、**H 27.4.13 の「備忘録」**も愛媛県情報公開条例に基づく公文書、情報公開の対象。

→加計学園の獣医学部新設申請について、総理は加計学園長との会食やゴルフのときから知っていて、「総理のご意向」として職員に認識されていたのか。2017.1.20 に申請を初めて知る？

⑤ 2017 年の発覚事例から浮かび上がった公文書管理上の問題は、行政文書の該当性及び行政文書の保存期間の２つである。

ア　行政文書の該当性：都合の悪い文書の行政文書該当性が恣意的に否定されると、公文書管理ルールの対象から外れ、自由に廃棄される恐れがある。今回の法制局のように情報公開請求があり、審査会のチェックが入らなければ、全く第三者のチェックが働く余地がない。従って**行政文書の該当性は厳正に判断されなければならない**。

イ　行政文書の保存期間：こちらは行政文書に該当に該当したとしても、恣意的に保存期間を1年未満にすれば担当部課の判断で自由に廃棄できる。**1年未満とすれば行政文書ファイル管理簿に搭載する必要がなく、廃棄も内閣総理大臣の同意は不要**。情報公開の対象文書は行政文書ファイル管理簿から選定され、国立公文書館への移管も1年以上の保存文書から選別されるから、「1年未満」の保存には「現在及び将来の国民への説明責任を果たす」という公文書管理法の目的に照らし、大きな落とし穴が潜んでいると言える。

⑥行政文書管理ガイドラインの改正

2017年12月に行政管理ガイドラインを改正し、これに基づき2018年3月末までにすべての府省庁において、行政文書管理規則を改正した。

公文書管理法7条1項本文は、行政文書ファイル等の分類、名称、保存期間等を記載した**「行政文書ファイル管理等」の作成及び公表**について規定している。ただし、同1項ただし書は、政令で定める期間未満の保存期間が設定された行政文書ファイル等については、同管理簿の作成義務の対象外とし、これをうけて**本法施行令12条により、保存期間が1年未満のものは、対象外**としている。

森友学園問題にみる国有地の売買契約の交渉過程の記録は、紙媒体の文書も電子データも保存期間1年未満と解釈して廃棄された。このような誤った措置がとられないように、行政文書管理ガイドラインは改正された。

⑦改正行政文書管理ガイドラインと新しい○○省行政文書管理規則

同ガイドライン第4. 整理. 3保存期間、(5)「1 − (1) の保存期間の設定及び保存期間表においては、歴史公文書等に該当しないものであっても、行政が適正かつ効率的に運営され、国民に説明する責務が全うされるよう、**意思決定過程や事務及び事業の実績の合理的な跡付けや検証に必要となる行政文書については、原則として1年以上の保存期間を定めるものとする**」という規定が新設された。さらに新設された (6) では、「①別途、正本・原本が管理されている行政文書の写し、**②定型的・日常的な業務連絡、日程表等**、③出版物や公表物を編集した文書、④○○省の所掌事務に関する事実関係の問い合わせへの応答、⑤明白な誤り等の客観的な正確性の観点から利用に適さなくなった文書、⑥意思決定の途中段階で作成したもので、当該意思決定に与える影響がないものとして、長期間の保存を要しないと判断される文書、**⑦保存期間表において、保存期間を1年未満と設定することが適当なものとして、業務単位で具体的に定められた文書**」等については、保存期間を1年未満とすることができる。

⑧しかし、さらに、新設された (7) においては、(6) の①ないしの文書も含めて、「1 − (1) の保存期間の設定においては、通常は1年未満の保存期間を設定する類型の行政文書であっても、**重要又は異例な事項に関する情報を含む場合な**

ど、**合理的な跡付けや検証に必要となる行政文書については、1年以上の保存期間を設定するものとする**」と規定された。［○○省規則13条6項］そして、留意事項として「『重要又は異例な事項』とは、ある業務について、通常とは異なる取扱いをした場合（例：通常専決処理される事務について、本来の決裁権者まで確認を求めた場合）等が想定されるものであり、そのような案件に係る情報を含む行政文書については、通常は1年未満の保存期間を設定する行政文書の類型であっても、**合理的な跡付けや論証に必要となるものについて、1年以上の保存期間を設定する**ものとする」と説明されている。
――この改正により、固有財産の売却処分にあたり、財務省近畿財務局が総理夫人や政治家のかかわりのある学校法人に対し大幅値引きをした売買契約を締結する交渉記録は1年以上の保存期間を設定されることであろう。また、「記憶にない、記録にない」という財務省の国会答弁はなくなるだろう、と思われたが。

⑨2018年3月2日付『朝日新聞』朝刊1面（14版）に基づき、その後判明した事実も付記して森友公文書改竄（以下「改ざん」）問題から、政局とは別に、公文書管理法及び情報公開法の改正の方向性、ひいては日本の民主主義のあるべき姿を明らかにしたい。
スクープ記事では、改ざんは、「2015～16年に学園と土地取引した際、同省近畿財務局の管財部門が局内の決裁を受けるために作った文書」とされた。「1枚目に決済の完了日や局幹部の決裁印が押され、2枚目以降に交渉経緯や取引の内容などが記されている」。「起案平成27年4月28日　決裁完

了平成 27 年 4 月 28 日」と記された**普通財産（貸付）決議書**と「起案平成 28 年 6 月 13 日　決裁完了平成 28 年 6 月 14 日」と記された**普通財産売払決議書**である。国交省は、3 月 5 日に、改ざん前後の相違点を財務省に伝え、決裁当時の改ざん前文書の写しを財務省に渡した。国交省の保有文書では、貸付決議書の「事案の経緯」や売払決議書の調書が欠落し、貸付決議書の記述内容も、国会提出開示文書では一部異なっていたと報告されている。

隠し切れなくなったからだろうか、3 月 12 日に財務省は、森友学園との国有地取引に関する決済文書の書き換えを認め、国会に調査報告を提出した。

⑩政府は、森友問題に関する財務省の改ざんなど、公文書を巡る一連の不祥事を踏まえて、与野党の対決に至りかねない**公文書管理法の改正には及ばない、微温な改善策**をもって、乗り切る方針。

①管理体制強化――内閣府に全府省庁を監視する**独立公文書監理官**を新設、各府省庁にも文書管理の専門部署として**公文書監察室**を新設。

②懲罰規定――人事院の「懲戒処分の指針」に不適切行為への処分を明記、公文書管理法への罰則規定導入は見送り。

③改ざん防止――電子決裁システムへの移行を促す。

しかし、公文書管理法の改正に至らないことから、「膿を出し切る」（安倍首相）ことができず、**表皮だけを整えることで内部がさらに化膿しないか**心配な点がある。2017 年 12 月の行政文書管理ガイドラインの改正の際に、会議録や打合せ記録について口裏合わせの簡素な記録しかないのか批判された点である。

ガイドライン改正を受けた財務省行政文書管理規則12条でも、「文書の正確性を確保するため……複数の職員による確認」(1項)と「財務省の外部の者との打合せ等の記録…相手方による確認等」(2項)が求められているが、このようなガイドラインと府省庁の規則の改正では、**口裏を合わせたスカスカの空疎な記録しか残らない**とする批判であった。

⑪しかし、より根本的課題として、公文書管理庁の設置など、公文書管理担当機関の権限の強化が必要。

公文書管理法の仕組み、内閣総理大臣への報告(9条1項)、同大臣による調査(9条3項)、勧告(31条)、国立公文書館による実地調査(9条4項)、公文書管理委員会による勧告案の調査審議(29条3号)だけでは、総理大臣や同夫人の調査に対応できない。

→東日本大震災後、災害対策本部と原子力災害対策　本部の議事録が作成されていない問題では、公文書管理委員会委員が中心となって、実態調査をし、議事録作成の指針として行政文書管理ガイドラインを改定。〈歴史的緊急事態に対応する会議等における記録の作成の確保〉の項目を整備した。

⑫「すりあわせた」簡素な記録しか残らないならば、さらなる情報公開法の改正が必要か。文書改ざんや口裏合わせ文書の作成などの、今後の展開次第。

①情報公開法2条と公文書管理法2条における「行政文書」

の定義のうち「組織的に用いるもの」の廃止。
②「知る権利」明記。
③裁判所におけるインカメラ審理。

⑬「桜を見る会招待者名簿」1年未満保存文書廃棄問題
電子データを所管する内閣府が親サーバーにデータを一元管理する**シンクライアント方式によるバックアップデータ保管**の場合には、より一層重要である。加計学園問題の際の各所の共有サーバーの場合と異なり、親サーバーにおいて電子データが消失したときには、バックアップを即座に行わない限り行政文書が再現できないという問題を生じさせるからである。
仮に、内閣府の説明のとおり、バックアップデータによる組織共用性がないとしても、国権の最高機関である国会に属する議員からの資料要求に対しては、公文書管理法4条及び「公文書が健全な民主主義の根幹を支える国民共有の知的資源」(同法1条)であることから、バックアップデータから文書を再度作成し国会に提出するのが、行政の国会に対する正しい対応である。
——**デジタル庁でも**黒川弘務東京高検検事長の定年延長に関する法解釈変更をめぐり森雅子法務大臣が「口頭決裁」を得たと説明したことも問題。

(3) 最後に、このように知る権利と関連付けられながら公文書管理法の解釈適用の展開がなされても、これが直ちに司法判断に生かされるものではない実態について、**裁判所による証拠保全手続の運用**等が公文書管理の抜本的改革を促進するものとなっていないことが明らかにされた。

——東京高決平成29年6月30日（判例集未登載）は森友問題にかかる電子データの証拠保全申立てを却下。

【5－D】

〈3〉高度情報通信社会における、情報公開法制の知る権利とプライバシー・個人情報保護との調整について論じる。

⑴ 情報公開条例においては、特に個人識別型（非公開事由：個人を識別する情報）によるプライバシー保護の問題点が、建築確認申請書添付図面の閲覧拒否処分にかかる裁判例を通じて明らかにされたことにより、これを克服するものとして、法5条1号、特に同号ただし書イの不開示情報（法令又は慣行として公又は公予定情報）の例外の提案につながった軌跡について述べる。

⑵ さらに、法5条1号における個人識別型不開示情報の採用は、個人情報保護法制の確立にも影響を及ぼし、他方、2015年の個人情報保護法改正（**「個人識別符号」などの保護の明記**）は、情報公開法における個人識別型の情報非公開事由との関係にも変容をもたらしたことを論じる。

①日本における情報公開法制においては、当初、アメリカ情報自由法を研究し、行政情報の原則公開に対し、プライバシーを不当に侵害すると認められる情報を非公開（不開示）とするプライバシー保護型の非公開事由が提案された——埼玉県行政情報公開条例、大阪府公文書公開等条例など。

この場合のプライバシーの権利についても、アメリカにおけるプライバシーの権利の分析と基礎付けとしての**「ひとりで居させてもらいたい権利」**や**「他人に知られたくない権利」**という意義において、日本における判例法と代表的学説が展開された。

②他方、「プライバシーの概念が必ずしも明確ではなく、個人の価値観により、その範囲につき見解が分かれる」ということから、行政情報の原則公開に対し、**OECD 8原則における個人データの定義**(個人が識別され又は識別されうる情報)を非公開(不開示)とする個人識別型の非公開事由が、情報公開条例において、定着していった。
——神奈川県公文書公開条例、東京都公文書開示条例。

③情報公開法も個人識別型の非公開事由(不開示情報)が採用された(同法5条1号)。1999年の情報公開法の制定後、2003年に個人情報保護法及び行政機関個人情報保護法が制定された。個人情報保護法25条及び行政機関個人情報保護法12条で本人情報開示請求権が規定されたが、この基礎に、プライバシーの権利の代表的学説における自己情報コントロール権が構想され、その具体化とされた。同時に、この本人情報開示請求権は、行政情報の原則公開の例外としての個人識別型の非公開事由(不開示情報)のさらなる例外としての絶対的開示**(法5条1号ただし書イ、ロ、ハ)**としても位置付けられた。

④プライバシーの権利の消極的側面としての「他人に知られたくない権利」は情報公開法5条1項の個人識別情報として

具体化され、積極的側面としての**自己情報コントロール権は、行政機関個人情報保護法12条の本人情報開示請求権**として具体化されたのである。
その過程において、情報法制の世界もまた、アナログ情報からデジタル情報に転換される。これが2015年個人情報保護法改正と2016年行政機関個人情報保護法改正として、個人情報保護法制にも質的変化をもたらす。このうち、個人識別符号をも個人情報に含めて保護するという改正内容は、情報公開法5条1号の2を加えて、情報公開法制にも変化をもたらした。

⑤この間、判例法では情報プライバシー権を認めるものとして、早稲田大学名簿提出事件前掲最判平成15年9月12日が、講演会参加申込みをした早稲田大学学生の学籍番号、氏名、住所及び電話番号に係る情報は、**参加申込者のプライバシーに係る情報**として法的保護の対象となることを明らかにした。
また、住民基本台帳ネットワークシステム（住基ネット）の憲法適合性が争われた前掲最判平成20年3月6日は、自己の私的事柄に関する情報の取扱いについて自ら決定する利益（自己情報コントロール権）を正面から認めなかったものの、**何人も、個人に関する情報をみだりに第三者に開示又は公表されない自由**を有するものと判示し、住基ネットで電子的に管理される本人確認情報（氏名、生年月日、性別、住所、住民票コード、変更情報）もまた個人に関する情報として保護されることを明らかにした。
そのうえで、2015年の個人情報保護法改正及び2016年の行政機関個人情報保護法改正であった。

⑥ 2003年の個人情報保護法及び行政機関個人情報保護法の制定から2015年の個人情報保護法改正及び2016年の行政機関個人情報保護法改正に至る経緯をふまえて、自己情報コントロール権については、①**「決定権としてのコントロール権」**(個人情報の取得、利用、開示などについての情報主体の同意を要する)と②**「チェックとしてのコントロール権」**(自己情報の開示、訂正、利用停止請求権)として分類されることが提言された(土井真一教授・日本公法学会報告)。

⑦他方、1999年に制定された情報公開法において、個人情報の非公開事由、不開示情報として5条1号が規定され、個人識別情報は開示義務の適用除外である不開示情報とされるが(同1号前段)、同号ただし書イは「法令の規定により又は慣行として公にされ、又は公にすることが予定されている情報」(以下「公又は公予定情報」)を絶対的開示情報とする。**公領域情報(Public Domain)の絶対的公開事由**とも呼ばれる。

⑧情報公開・個人情報保護審査会答申では、法5条1号ただし書イの解釈としての上記④で述べたとおり、「具体的に公表が予定されている場合に限らず、**求めがあれば何人にも提供することを予定しているもの**も含む」と解され、既に別の媒体で当該情報が公にされているもの(上記答申①、③、⑥、⑦、⑨、⑩、⑫、⑬、⑭、⑮)、**秘匿する合理的根拠は認められない**とするもの(同答申②、④、⑧)、**広く国民の正当な関心事**であるもの(同答申⑤、⑪)等に分類できる。とりわけ、同種の個人情報がインターネットやウェブサイトで公

にされていることが、情報公開法5条1号ただし書イ該当の理由とするもの（同答申⑥、⑦、⑨、⑫）があり、同法の逐条解説においても、「**刊行物やウェブサイトに記載のある情報は**、その登載の趣旨や目的等が情報公開制度と相容れないなどの特別の事情がある場合を除き、公表慣行が認められる」とする（①～⑫は博論参照）。

(3) さらに、法5条1号ただし書イの公又は公予定による個人情報の開示によって、個人情報を蓄積する**国家及びプラットフォーマーのデータ独占を抑制・阻止する途**が見えてくることが示された。

(4) 知る権利を保障するという観点から、**「原則開示の基本的枠組」**（「情報公開要綱案の考え方」）である法5条1号から6号までの不開示情報がいかに解釈適用されるべきであるかを、立法者意思・立法過程や現になされている行政機関による解釈適用、さらには裁判所や情報公開・個人情報保護審査会答申等の先例をふまえて、明らかにする。

①国民主権の理念にのっとり知る権利を保障するという観点から、情報公開法における「原則開示の基本的枠組み」（「考え方」3、(2)）においては、情報公開法6条とともに、同法5条1号から6号までの不開示情報がいかに解釈適用されるべきであるかを、情報公開法の立法者意思・立法過程や現になされている行政機関による解釈適用、さらには裁判所や情報公開・個人情報保護審査会答申等の先例をふまえて（第5章Ⅰ）、法5条1号（個人情報）、2号（法人等情報）、3号（国

の安全等に関する情報）及び４号（公共の安全等に関する情報）、５号（審議、検討等に関する情報）及び６号（事務又は事業に関する情報）から明らかにする必要がある。
「原則開示の基本的枠組み」として情報公開法５条の不開示情報を解釈適用することにより、知る権利のうち、**政府情報開示請求権が具体的に確立されていく**のである。

②先例となるべき裁判例や情報公開個人情報保護審査会答申としては、不開示情報の証明責任を論じた**大阪府水道部食糧費情報公開訴訟**における最判平成６年２月８日『民集』48巻２号255頁、**沖縄返還密約文書情報公開訴訟**東京地判平成22年４月９日『判時』2076号19頁、法５条１号個人識別情報について**一般人基準説を採用した国立病院等の医療事故報告についての情報公開審査会平成13年７月24日答申**（平成13年度答申111号）、法５条２号**法人情報を「秘密、ノウハウ」等に限定するもの**と解釈することを導く上記最判平成６年２月８日。

③法５条３号（国の安全等に関する情報）にかかる日韓国交正常化交渉（日韓会談）に関する外務省保管文書について外務大臣の不開示決定を一部取り消した**東京高判平成26年７月25日** LLI／DB／L06920294及びこれに関連する公文書管理委員会**特定歴史公文書等不服審査分科会平成25年度答申１号**、法５条５号（審議、検討等に関する情報）に関連する大阪府下の安威川ダム建設にかかる客観的な調査研究情報についての**大阪府高判平成６年６月29日**『判タ』890号85頁、法５条６号（事務又は事業に関する情報）に関連する環

境影響評価情報にかかる**最判平成16年6月29日**『判時』1869号17頁、同号の「適正な遂行」の解釈適用に関連して血液製剤フィブリノゲンの納入病院名等の開示にかかる**情報公開審査会平成16年2月20日答申**平成15年（行情）617号事件（「事務又は事業の適正な［人の生命、健康、生活又は財産を保護するため〈法5条2号ただし書き参照〉を読み込む］遂行に支障を及ぼすおそれ」）などを先例として位置付けることが肝要である。

【5－E】

〈5〉部分公開義務規定とインカメラ審理

（1）アメリカ情報自由法に由来する法6条（不開示情報が記録されている部分を容易に区分して除くことができるときは……当該部分を除いた部分につき開示しなければならない）の**部分公開義務規定**の解釈適用に関し、**独立一体説**をとる判例が取り上げられ、これを克服しようとする情報公開・個人情報保護審査会や公文書管理委員会特定歴史公文書等不服審査分科会の答申、さらに最高裁判決における**独立一体説に批判的な個別意見**と対比して論じる。

①愛知県の予算執行書等の中の出席公務員識別部分についての最判平成19年4月17日の藤田宙靖裁判官補足意見。

②内閣官房報償費最判平成30年1月19日山本庸幸裁判官意見「（独立一体説は）不開示の範囲が無用に広がりすぎるおそれがあるという情報公開法の本旨に反する本質的な問題がある」。

(2) そして、立法者意思に基づけば、法6条2項（**5条1号の情報について、氏名等特定の個人識別部分を除くことにより、個人の権利利益が害されるおそれがないと認められるときは、当該部分を除いた部分は、同号の情報に含まれないものとみなす旨の規定**）は法6条1項の部分公開義務原則についての**個人情報保護との調整の観点からの確認規定**であることが主張されている。それにもかかわらず、裁判例において独立一体説が依然として援用されていることは、裁判所において憲法政策論的視点が欠落していることと同時に、**裁判官がインカメラ審理をすることができないこと**、すなわち、「文、段落等、図表の部分、欄を単位に相互の関係性をふまえて個々に情報公開法5条各号該当性を判断することができないこと」も背景にあるのではないかと指摘する。

［参考］公文書管理委員会特定歴史公文書等不服審査分科会のヴォーン・インデックスの実例（**写真2**）。

(3) 続いて、**裁判所におけるインカメラ審理への課題の実現が憲法政策的課題であること**を明らかにした上で、ヴォーン・インデックス手続と弁論期日外行政文書証拠調手続を批判的に検討し、2013年に国会提出されたものの廃案となった**情報公開法改正案**の実現の必要性を主張する。

【5－F】

〈6〉以上1～5の内容について、日本の情報公開法制における知る権利の生成・展開と課題をふまえての憲法政策論的課題

公文書管理委員会特定歴史公文書等不服審査分科会のヴォーン・インデックスの実例

利用制限の概要及び想定される論点

通し頁	原本頁	対象文書の記載項目等	箇所	内容	想定される論点
		V　韓国側請求（8項目）の内容			
		一　韓国の対日請求要綱一覧			
		二　韓国側請求の原則的問題に関する両国の主張			
		三　8項目の対日請求の内容			
		要綱1　地金銀の返還請求			
		1　韓国側主張 2　韓国側主張額 3　日本側見解 (1) (2) (3)			
p.42	p.74	(4)日本側調査額	20～22行目	情報源及び評価	・出版されている情報源を秘匿することにどのような意味があるのか。 ・「資料の確実度は不詳」とされており、公にすることにより国の安全等に支障が生じるおそれは低いのではないか。
〜					〜
p.75	p.141	4　日本側調査額	3行目	韓国人分残高（郵便貯金・振替貯金）	地裁関連判決で明らかであるため新たに利用に供する旨の回答があった。
				上記の利息（36年8月まで）	地裁関連判決で明らかであるため新たに利用に供する旨の回答があった。
p.75-76	p.141-143	(1)郵便貯金の朝鮮人分推定方法	p.143の8行目まで	算出方法	・調査額について新たに利用に供する場合、算出方法を引き続き利用制限する必要性は低いのではないか。 ・算出に係る項目が以下に明らかであるにも関わらず、この4行を利用制限する意味はあるのか。
				上記に係る数値	・調査額について新たに利用に供する場合、その内訳にあたる数値を引き続き利用制限する必要性は低いのではないか。 ・郵政省貯金局の調査を基礎としており、数値については同省の刊行物や移管文書で公開されていないか。
p.76-77	p.143-145	(2)郵便振替貯金	p.143の18行目からp.145の10行目まで	算出方法	・調査額について当たらに利用に供する場合、算出方法を引き続き利用制限する必要性は低いいのではないか。 ・算出に係る項目が以下に明らかであるにも関わらず、この5行を利用制限する意味はあるのか。
				上記に係る数値	・調査額について新たに利用に供する場合、その内訳にあたる数値を引き続き利用制限する必要性は低いのではないか。 ・郵政省貯金局の調査を基礎としており、数値については同省の刊行物や移管文書で公開されていないか。

情報公開法改正案におけるヴォーン・インデックス（釈明処分の特例）とインカメラ審理手続（口頭弁論の期日外における行政文書の証拠調べ）の条文案

（釈明処分の特例）
第23条　情報公開訴訟においては、裁判所は、訴訟関係を明瞭にするため、必要があると認めるときは、当該情報公開訴訟に係る開示決定等をした行政機関の長に対し、当該情報公開訴訟に係る行政文書に記録されている情報の内容、第9条第3項の規定により記載しなければならないとされる事項その他の必要と認める事項を裁判所の指定する方法により分類又は整理した資料を作成し、及び提出するよう求める処分をすることができる。

（口頭弁論の期日外における行政文書の証拠調べ）
第24条　情報公開訴訟においては、裁判所は、事案の内容、審理の状況、前条に規定する資料の提出の有無、当該資料の記載内容その他の事情を考慮し、特に必要があると認めるときは、申立てにより、当事者の同意を得て、口頭弁論の期日外において、当事者を立ち会わせないで、当該情報公開訴訟に係る行政文書を目的とする文書（民事訴訟法（平成8年法律第百九号）第231条に規定する物件を含む。）の証拠調べ又は検証（以下この条において「弁論期日外証拠調べ」という。）をすることができる。

2　前項の申立てがあったときは、被告は、当該行政文書を裁判所に提出し、又は提示することにより、国の防衛若しくは外交上の利益又は公共の安全と秩序の維持に重要な支障を及ぼす場合その他の国の重大な利益を害する場合を除き、同項の同意を拒むことができないものとする。

3　裁判所が弁論期日外証拠調べをする旨の決定をしたときは、被告は、当該行政文書を裁判所に提出し、又は提示しなければならない。この場合においては、何人も、その提出され、又は提示された行政文書の開示を求めることができない。

4　第1項の規定にかかわらず、裁判所は、相当と認めるときは、弁論期日外証拠調べの円滑な実施に必要な行為をさせるため、被告を弁論期日外証拠調べに立ち会わせることができる。

5　裁判所は、弁論期日外証拠調べが終わった後、必要があると認めるときは、被告に当該行政文書を再度提示させることができる。

三宅前掲『原子力情報の公開と司法国家』406頁、「行政機関の保有する情報の公開に関する法律等の一部を改正する法律案」

としてあらためて概観する。

①立法府による情報公開法の制定、行政府による法の解釈適用、司法部による開示請求情報の開示不開示の判断を通じて、憲法政策的に、憲法21条に基づく表現の自由の構成要素としての抽象的権利である知る権利が情報公開法及び条例によって、生成・展開され、法5条及び6条等についての司法部による開示不開示の判断、さらにはインカメラ審理手続等立法府に投企される立法的課題等が相互に循環・交流する現場であった。実務における知る権利の生成・展開については、**憲法政策学的な課題として、(a) 問題形成段階、(b) 対策立案段階、(c) 行動計画段階を循環していきつもどりつ、それぞれ検討すること**が求められる。
このことは、情報公開法の提案にあたり、小林直樹が提唱していた**憲法政策論**としての課題でもある 。

②情報公開法を単なる行政情報法学にとどまらず、**憲法の付属法として位置付け憲法政策として解釈適用**し、知る権利の保障のための限界を情報公開法改正へと導くことが求められる。

以上に示す、(公社) 自由人権協会、情報公開法を求める市民運動、特定非営利活動法人情報公開クリアリングハウス、第二東京弁護士会、日本弁護士連合会などでの対策本部や委員会での活動は、正に憲法政策論の実践であった。

2017年日弁連大津人権大会決議

情報公開法制・個人情報保護法制の体系イメージ

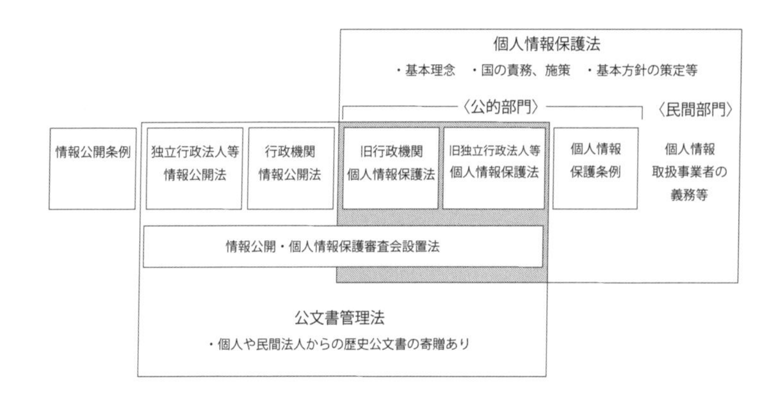

日弁連が考える情報自由基本法の骨子

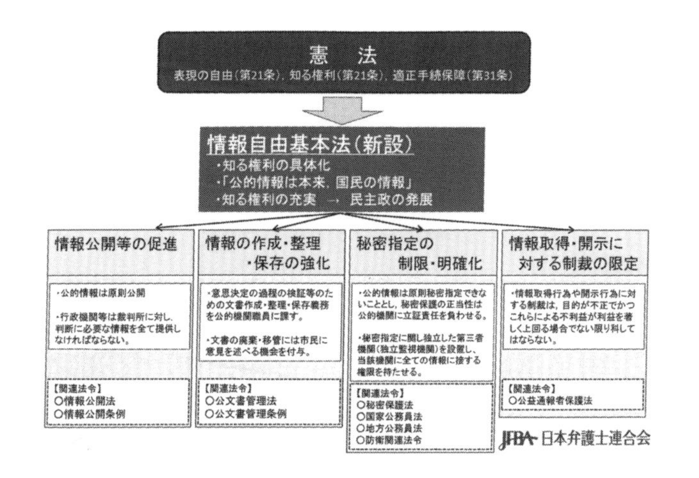

「個人が尊重される民主主義社会の実現のため、プライバシー権及び知る権利の保障の充実と情報公開の促進を求める決議」から、

Ⅰ　現代監視社会におけるプライバシー権保障の充実については、①インターネット上のデータ監視の禁止、② GPS捜査などの強制捜査の法令による規制、③通信傍受拡大の抑制と会話傍受法制化の阻止、④「共謀罪」規定の廃止ないし抜本的見直しと運用監視、⑤情報機関の監督、⑥マイナンバーによる一元管理の規制を。

Ⅱ　知る権利の保障の充実のための情報公開の促進と権力監視の仕組みの強化については、①情報自由基本法（仮称）の制定、②情報公開法改正、③公文書管理法の改正と運用改善、④秘密保護法の廃止を含めた抜本的見直し、⑤スノーデン氏のような内部告発者を保護する公益通報者制度の確定、⑥グローバル・ジャーナリズムによる権力監視とその活動の促進について。

6　さらなる探究として

【6－A】グローバル化する経済法則に依拠する法律学、政治学等の発展段階を憲法政策論として構想すること

「2019 年 12 月から 2020 年 1 月にかけて中国・武漢における新型コロナウィルスの発生についての情報提供が後手に回った経緯をみるにつけ、さらに、情報企業から中国政府への情報提供を規定する国家情報法や香港に適用される国家安全維持法の制定をみるにつけ、知る権利を保障する情報公開法制について

の東アジア共通法基盤形成は遠い先であるようにも感じます。しかし、本書で整理した日本の情報公開法制における知る権利の生成・展開と課題を韓国や中国に紹介しながら、共に**監視国家・監視社会化を克服して、地道に東アジア共通法基盤形成の可能性を求めていきたい**と存じます。

この点、『日本のコロナ GPS 追跡――パンデミック後の個人情報保護』（YouTube・デモクラシータイムズ 2020/05/20）で少し述べましたが、公領域（公又は公予定）にある個人情報の開示は、**個人情報を蓄積する国家及びプラットフォーマーのデータ独占を切開する途**（本書 330 頁）への手掛かりになると思います。また、日本政府が進める**スーパーシティやデジタル庁が扱う情報**についても、本論がその一部を取り扱った**日本の情報法制における知る権利の生成・展開と課題の中に位置付けて論じる必要があります。**その一部は、第 2 章、Ⅱ、7、⑵公文書管理の抜本的改革を促進しなかった裁判所による証拠保全手続の運用や、本書 126 頁注 122 の〈　〉において述べました。

さらに、これらの現状分析としての批評と共に、より縦深的には、**グローバル化する経済法則に依拠する法律学**（一物一権主義に基づく所有権法の理論から**一情報多元保有の情報法学への展開**など）、**政治学**（国民国家の枠を超えた**経済発展と情報流通に対する「市民政府」による統治**など）等の発展段階を**憲法政策論**として構想し、その先に**東アジア共通法基盤をふまえた政治と法律**が形成されていくのではないかと予感しています」。

三宅弘『知る権利と情報公開の憲法政策論――日本の情報公開法制における知る権利の生成・展開と課題』「あとがき」（日

本評論社、2021年、370、371頁)。

【6-B】一生修行——坐禅と社会科学

「宗教と教育のあり方については、最近、佐々木閑さんという福井県の出身で京都大学の工学部の出身で現在、花園大学文学部国際禅学科の教授ですが、一昨年から昨年(2011年から2012年)にかけて朝日新聞で連載されてまして、前半部分は関東でしか掲載されてなかったのでこちらの方ではあまり目にとまらなかったかもしれませんが、曰く物理学者の観想は超越者を求めずに因果の法則だけで世界を見ようとするが、釈迦の仏教の原理は現代科学と同じであると、それは非常に興味深く、だがまだ理解できない点も多いということです。それはそうだ、2時間で全部理解されたら私(佐々木閑氏)の立つ瀬がないと。説明し残したことは、先生がノーベル賞をもらった後でまたゆっくりお話しましょうとかですね。それから、脳科学の最先端のところを、私も科学ですべてを解決するなどと思っていないし、しかし、脳科学が今まで誰もわからなかった心の構造をどれほど明確に明晰に解き明かしていることも事実である。この先、脳科学は、己の心を見よと言った釈迦の教えの強力な支えになっていることは間違いない。仏教と脳科学の間に生まれるかも知らない新たな知の世界を大いに期待している、という。**自然科学と禅の最先端のところは、非常に、共通性、親和性のあるなという**。私も先ほど言いましたように、厳しい社会科学者の相互批判の最先端のところには、自分の人間としてのあり方の根本を見つめるところから科学を打ち建てなきゃいけないという命題があり、それが1969年ころに問われたということをずっと想ってきて、**法律と禅の両方を極めていきたいという**

のが課題でございましたし、今後も**実務法曹として『科学としての法律学』を探究する**科学者の一員として、一生の修業として、**『今、ここ』の一息一息に集中して**、そういうアプローチをぜひしていきたいと思っております」（三宅前掲『弁護士としての来し方とこれから福井でしたいこと』51、52頁）。

→「射そのもの」が「射てをとおして的に帰る」という境地（滝沢克己、折原浩）あるいは「事物の本性」（ラートブルフ）を経験的モノグラフによって極めるということ。

あとがき

2022年3月28日に、獨協大学法科大学院特任教授及び交流文化学科特任教授の任を終えるにあたり、18年に及ぶ法学教育をまとめる機会をいただきました。事前のご依頼から約半年、私は、2021年秋学期開講の全学総合科目の講義「現代社会2：私たちの身の回りと憲法――身近な問題から考える憲法入門」と「現代社会2：大学生の日常と法――大学生をとりまく実定法学入門」を準備しながら、構想を練りました。「無数の問いの噴出の時代」とされる1968－1969年から始まる高校生活を助走期間とし、大学闘争後の大学改革が叫ばれた1972－1973年に「戦後改革」の礎の上にさらに展開されようとする教養学部教育を受け、高校時代に読んだ『共産党宣言』と『職業としての学問』に導かれるかのように、カール・マルクスとマックス・ヴェーバーという社会科学の泰斗を中心に学んだ「人」のあり方、教養学部から法学部に進学し政治学研究志望から法律実務家としての将来を選択する過程をもって今日まで「一生修業―坐禅と社会科学」の探究のうちの一方に据えた「社会科学としての法学」の学び、そして弁護士40年の「法実践」を最終講義とする構想をかためてきました。

その過程は、2022年1月より、60年を共に歩んできた三宅理恵子（旧姓村松）がコロナワクチンの副作用としか考えられないターボ癌の発症から急逝という事態と並行しました。余命を告知された彼女は、緩和ケア病院でオンライン講義を聴いてくれました。「高校のことはよくわかったけれど、後は少し難しかった」という感想を残して、最終講義から1か月後に旅立ちました。遺品の中には花伝社で発行していただいた『情報公開ガイドブック――立法から活用の時代へ』（1995年）と、「一生修業―坐禅と社会科学」を探究の課題として設定させていただいた『弁護士としての来し方とこれから福井でしたいこと――原田湛玄老師と折原浩教授からの“学び”をふまえて』（シングルカット社、2013年）が大切に置かれていました。

社会科学の学びをふり返ると、1972－1973年の折原浩助教授（当時）と見田宗介助教授（当時）からの直接の学びが、カール・マルクスとマックス・ヴェーバーという社会科学の泰斗からの学びの手がかりとなりました。

本書第2章注9（47頁）でもふれましたが、折原教授からは、1972年当時、既に自己沈潜して「単純素朴に仕事に専念することをとおして、被造物的な情念を滅却していったはてに、……創造の普遍的根源に触れる……という可能性」をみこむという境涯を教えられていました（折原浩「ウェーバーと『大学問題』」安藤英治ほか『ウェーバーの思想と学問』風媒社、1972年、90頁参照）。

第2章注9では、折原浩『デュルケームとヴェーバー（下）』の295頁を引用しましたが、その後、折原『東大闘争総括――戦後責任・ヴェーバー研究・現場実践』（未来社、2019年）と同『マックス・ヴェーバー研究総括』（未来社、2022年）をもって、「被造物的情念を滅却していったはてに、……創造の普遍的根源に触れる」境涯が完結したことを、「(『学問道』に置き換えると、さだめし『着想』（Einfall）に帰るとき、文化創造一般の）極意」そのものとして理解することができます。この「極意」は、ヴェーバーを超え貫いた折原先生固有の境涯として理解しました。

他方、2022年は、見田宗介教授が、その生涯を終えられるにあたり、多くの報道がなされた年でもありました。

私は、大学では、1973年春学期にマルクス『資本論』をふまえて、後にペンネーム真木悠介として『現代社会の存立構造』(筑摩書房、1977年)を論じる見田宗介助教授(当時)のゼミにも参加していました。その真木氏は、私の卒業後は、「人間解放の理論」を求めて、インドやメキシコをおとずれ、資本制社会を超えるコミューンを構想し、『気流の鳴る音』(筑摩書房、1977年)を公刊します。見田助教授は、そのころ大学内ではゼミ生を対象に行っていた合宿において、ヨガの瞑想、日本の整体、演劇のレッスンなど人間の身体性や他者との関係性に働きかける手法を通じて『気流の鳴る音』で提唱した「われわれの自我の深部の異世界を解き放つこと」を現実に試みていたということです(2022年7月27日付『朝日新聞』夕刊「気流の鳴る音」)。そして、その本の中「交響するコミューン」の章の「色即是空と空即是色—透徹の極の転回」では、「太平洋戦争のB、C級戦犯たちが死刑判決を受け、未来への可能性をすべて失った直後、見直れたはずの光景に鮮烈な美を発見する」世界が述べられています(上記『朝日新聞』の「気流の鳴る音」における鶴見済氏の記事参照)。

「一生修行—坐禅と社会科学」の探究(前掲『弁護士としての来し方とこれから福井でしたいこと』51頁)によせれば、真木悠介こと見田宗介助教授が「まだ見ぬ自分を解き放つ」理論を求めてインド、メキシコと回り得た境地について、私や村松理恵子はこれを郷里の福井小浜において、特攻とシベリア抑留を克して大悟徹底された青壮年期の禅僧原田大拙湛玄老師から平和憲法下に直伝で学んでいたということとして理解することができます。

私自身においては、最終講義で紹介した「日本の情報公開法制における知る権利の生成・展開と課題」を整理し博士論文化していく過程で、弁護士業務のかたわら深夜に及ぶ論文執筆という「単純素朴に仕事に専念すること」を究め、「創造の普遍的根源」を感受すること、その「はたらき」そのものが究極の「禅」でした。折原先生の「学問道」、すなわち「単純素朴に仕事に専念」して「創造の普遍的根源に触れる」はたらきそのものは、見田教授における世界を巡り「まだ見ぬ自分を解き放つ」探究と同じ境涯であり、「無数の問いの噴出の時代」に、2人の社会科学者が社会科学さらには科学そのものを超える世界に「触れる」瞬間として理解し、私自身の学びの過程を振り返ることができます。

読者の皆様には、「学問道」の洞察と、経験的モノグラフによる予測と検証の世界として、「社会科学における法学」と「法実践」を読み進んでいただき、その過程で「自己をならう」(永平道元禅師)「人」としての根源にたちかえり(前掲第4章注7「米国アーカンソー州にて法科大学院を想う」参照)、それぞれの暮らしの中で、少しでも生きる手掛かりを得ていただければと存じます。

このような最終講義の場を提供していただいた花本広志教授ほか、獨協大学の関係者の皆様に、あらためて御礼申し上げます。また、東大闘争を経て設立された花伝社の平田勝社長においては、私は、前掲『情報公開ガイドブック』、『情報公開法の手引き――逐条分析と立法過程』(1999年)、『監視社会と公文書管理――森友問題とスノーデン・ショックを超えて』(2018

年）と、情報法制の連作を、まさに『風姿花伝』の作品のように世に出していただきました。平田勝社長と本書編集の大澤茉実さんにあらためて御礼申し上げます。また、本書は、法学教育においては、三宅弘『法科大学院――実務教育と債権法改正・情報法制の研究』（花伝社、2016年）に引き続くものでもありますが、笹山ナオミ情報公開奨励基金より助成を得ました。引き続き、故人の希望どおり、日本の市民運動が諸外国のそれと同様、固定経費を必要としない活動の拠点となる不動産の購入まで寄付や遺贈を募っていきたいと存じます。

本書作成にあたり、見田ゼミ以降のマルクス経済学、特に宇野経済学の学びについては、東京大学教養学部47-11Bクラスの学友で、経済学部に進学し、侘美光彦教授のゼミで学んだ古川文彦氏から多くの助言を得ました。

最後になりましたが、本書巻頭のとおり、司法試験の勉強会の仲間であった故佐藤順哉弁護士（元第一東京弁護士会会長）と故藤本利明弁護士（元栃木県弁護士会副会長）に、本書を捧げます。上京2代目の佐藤氏には教養学部当時、東京を案内してもらい私的な買物にもおつきあい願いました。藤本氏は私と同じく法学部政治コースからの転向組で、プロボノの情報公開裁判を共に担いました。司法試験直後、3人による伊豆下田での海水浴も彼此を超えた思い出です。

本書が、「はじめに」で名宛をさせていただいたすべての皆様にとっての「法学入門書」となることを願います。

2023年8月

三宅　弘

三宅 弘（みやけ・ひろし）
1953 年 福井県小浜市生まれ
1972 年 福井県立若狭高等学校卒業
1978 年 東京大学法学部卒業
1983 年 弁護士登録（第二東京弁護士会）
1993 年 筑波大学修士課程経営・政策科学研究科修了・修士（法学）
1993 年、1998 年 愛媛大学法文学部講師
2003 年 米国アーカンソー大学ロースクール客員研究員

情報公開法を求める市民運動事務局員（1982）、東京都における情報公開制度のあり方に関する懇談会委員（1997,1998）、情報公開クリアリングハウス理事（1999-2011）、内閣府·公文書等の適切な管理、保存及び利用に関する懇談会委員（2003-2006）、独立行政法人国立公文書館有識者会議委員（2003-2011）、総務省·情報公開法の制度運営に関する検討会委員（2004-2005）、日本弁護士連合会情報問題対策委員会委員長（2007-2010）、公益社団法人自由人権協会代表理事（2008-2015）、内閣府・行政透明化検討チーム座長代理（2010）、内閣府·公文書管理委員会委員·特定歴史公文書等不服審査分科会会長（2010-2018）を務める。

2015 年 第二東京弁護士会会長・日本弁護士連合会副会長
2018 年 関東弁護士会連合会理事長
2020 年 京都大学大学院法学研究科法政理論専攻博士後期課程研究指導認定退学・博士（法学）
2004 年～ 2022 年 獨協大学特任教授
現在 弁護士（原後綜合法律事務所）、日本弁護士連合会秘密保護法・共謀罪法対策本部本部長代行
著書に『知る権利と情報公開の憲法政策論』（日本評論社 2021）、『監視社会と公文書管理』（花伝社 2018）、『法科大学院』（花伝社 2016）、『原子力情報の公開と司法国家』（日本評論社 2014）、共著に『東大闘争と原発事故』（緑風出版 2014）、『BPO と放送の自由』（日本評論社 2016）など。

リベラルアーツとしての法学を求めて
——社会科学における法学、法実践、そして人

2023年10月10日　初版第1刷発行

著者 ——三宅 弘
発行者 —平田　勝
発行 ——花伝社
発売 ——共栄書房
〒101-0065　東京都千代田区西神田2-5-11出版輸送ビル2F
電話　03-3263-3813
FAX　03-3239-8272
E-mail　info@kadensha.net
URL　https://www.kadensha.net
振替 ——00140-6-59661
装幀 ——佐々木正見
印刷・製本— 中央精版印刷株式会社

ISBN978-4-7634-2084-8 C0032